LE CUBE MAGIQUE

ANNIE GOTTLIEB
SLOBODAN D. PEŠIĆ

LE CUBE MAGIQUE

traduit de l'américain par
Valérie Bourgeois

PRESSES DU CHÂTELET

Ce livre a été publié sous le titre
The Cube
par Harper Collins Publishers, New York, 1995.

Si vous désirez recevoir notre catalogue et être tenu au courant de nos publications, envoyez vos nom et adresse, en citant ce livre, aux Presses du Châtelet,
4, rue Chapon, 75003 Paris.
Et, pour le Canada, à
Édipresse Inc., 945, avenue Beaumont,
Montréal, Québec H3N 1W3.

ISBN 2-911217-94-2

A « Big » Jacques

Introduction

Le Cube magique est un jeu de l'esprit
– et plus encore.

Au début des années 90, il fit fureur
dans les cafés d'Europe de l'Est.
D'où vient-il ? Nul ne le sait.
Pour certains, le Cube serait une ancienne
énigme soufie riche d'enseignements qui,
après des siècles d'oubli,
réapparaît au moment où l'homme
éprouve le besoin de mieux se connaître.

Aujourd'hui, le voici.

La mise en garde de la page 27 protège
le pouvoir du Cube,
telle la lampe son génie.
Convoquez celui-ci au moment opportun,
il vous fera don de mille et un trésors,
aussi instructifs qu'étonnants.
Mais convoquez-le trop tôt,
et il se volatilisera…

Alors, si vous voulez vraiment vous distraire tout en apprenant davantage sur vous-même,
ne vous rendez pas à la page 27 avant de vous être prêté au jeu !

Et ne dévoilez pas non plus le secret
à ceux qui ne le connaissent pas encore…

Première partie

Le Cube

Le désert

Imaginez un paysage désertique.

Rien de plus simple.

Une ligne d'horizon.

Du sable. Le ciel.

D'abord, il est très grand, il est imposant. Je suis tout près de lui et il doit être haut quatre ou cinq fois comme moi. Derrière lui, le désert et le ciel bleu s'étendent à perte de vue. Bien que je suis très près de lui, je parviens en même temps à avoir une vue d'ensemble. Le soleil brille juste au-dessus de lui, comme si sa base courbe reposait sur le sommet rectiligne du cube. La couleur de celui-ci est dorée, mais il semble beaucoup moins lourd et dense que s'il était en or massif. Il a l'apparente légèreté du verre et dégage beaucoup de lumière. Mais il n'est pas transparent, il dégage cette lumière de lui-même, elle émane de lui. Il est beau, éblouissant sans être aveuglant, il est attirant.

Le Cube

Dans ce désert, il y a un Cube.

Imaginez-le. Décrivez-le.

Quelle est sa taille ?
Où se trouve-t-il ?
De quoi est-il fait ?

Il n'y a ni règles,
ni réponses justes ou fausses.
Décrivez le Cube tel que vous le voyez.

C'est une simple échelle en bois, robuste et "discrète" à la fois. Elle est posée sur le côté droit du cube (qd on est face à lui). ~~Elle~~ Son dernier échelon coïncide avec le sommet du cube. Elle semble là exprès pour qu'on y accède.

L'échelle

A présent, une échelle vient s'ajouter au Cube dans ce paysage.

Décrivez-la :
sa hauteur,
sa position,
la matière dont elle est faite.

Le cheval arrive au galop, par la droite ou la gauche,
je ne parviens pas à me décider. Je l'entends avant de
le voir. Il est superbe, c'est un cheval de race, un pur sang
à la robe noire et lustrée. Il ne s'arrête pas, il ne
fait que passer au galop ; il passe près de moi, mais
ne me voit pas. Il semble courir obstinément vers un
objectif avec détermination, comme s'il avait une mission.
Il ne prête aucune attention à ce qui l'entoure.
Finalement, je dirais qu'il vient de la gauche
Il file vers un but qu'il est le seul à connaître.
C'est moi qui me détourne pour pouvoir le suivre
des yeux, en espérant secrètement qu'il me
remarquera et qu'il s'arrêtera, mais je sais
bien que non.

Le cheval

Apparaît alors un cheval.

Décrivez-le.

De quelle race s'agit-il ?
Quelle est sa taille ?
Sa couleur ?
Où se situe-t-il par rapport au Cube
et à l'échelle ?
Que fait-il ?

C'est une petite tempête. Elle éclate juste au dessus du cube, elle l'enveloppe dans un tourbillon, mais il est inébranlable. Elle n'affecte en rien les précédents éléments décrits et le cheval est déjà loin.
Elle disparaît aussi vite qu'elle était apparue.

La tempête

Quelque part dans ce paysage,
une tempête éclate.

Décrivez-la.

D'où vient-elle ?
Quelle est sa force ?
En quoi affecte-t-elle – ou non – le Cube,
l'échelle et le cheval ?

Il y en a pas mal, réparties en petits massifs désordonnés et lignes sinueuses qui courent de massifs en massifs. Ce sont de jolies petites fleurs toutes simples, de toutes les couleurs. Leurs tiges sont assez basses, ce qui donne une impression de tapis de fleurs. Elle ne sont pas touchées par la tempête puisque celle-ci n'a éclaté, brièvement, qu'au dessus du cube. A peine le vent a-t-il fait frissonner quelque peu leurs pétales.

Dernier détail : on trouve aussi des fleurs dans ce désert.

Décrivez-les.
Combien y en a-t-il ?
De quelles sortes ?
De quelles couleurs ?
Où se trouvent-elles par rapport au Cube, à l'échelle, au cheval ?
Et comment réagissent-elles à la tempête ?

C'est tout.

Vous venez d'imaginer une scène
pour le moins énigmatique :
cinq éléments placés dans l'espace selon un ordre qui vous est propre.
Personne d'autre ne se les représente comme vous.

Fermez les yeux et regardez-les encore une fois.
A présent, ouvrez les yeux…

et tournez la page.

Vous êtes prêt à découvrir
le secret du Cube.

Deuxième partie

Le Secret

ATTENTION !
Ne lisez pas les pages qui suivent avant d'avoir vous-même imaginé votre **Cube !**

Le Cube vous représente.

L'échelle symbolise vos amis.

Le cheval, la personne que vous aimez.

La tempête, les ennuis.

Les fleurs, les enfants.

Avant d'aller plus loin, réfléchissez à ce que vous venez de lire.

Cela vous semble-t-il exact ?
Cela vous surprend-il ?

Dans les pages qui suivent, vous tirerez les enseignements de la somme d'expériences rassemblée ici par tous ceux qui ont déjà joué au Cube.
Mais, pour ce faire, il vous faudra payer de votre personne.

Ce n'est que lorsque vous aurez exploré seul les moindres recoins de votre désert que vous serez prêt à tourner la page et à rejoindre le club des adeptes du Cube…

Le Cube, symbole de votre personnalité

La raison en est obscure, mais la certitude demeure : « Décrivez un Cube » paraît être un sésame ancestral qui vous ouvre les portes de votre âme.
Vous ne vous êtes même pas demandé à quoi il ressemblait – vous le saviez, un point c'est tout.

Vous avez créé avec votre Cube un autoportrait d'une précision et d'une exactitude étonnantes.

Sa taille, sa place sur terre ou dans le ciel, sa composition, tout cela reflète comme en un miroir l'image que vous avez de vous-même, votre état d'esprit et votre rapport au monde.

Regardez-le de nouveau.
Vous éprouverez probablement un choc face à cette impression mêlée de « déjà vu » et de révélation.
Il peut vous ouvrir les yeux sur des aspects de vous-même que vous ignoriez connaître.

Votre Cube reflète votre individualité dans ce qu'elle a de plus absolu.

Il n'y en a pas deux pareils !
Vous en doutez ?
Faites l'essai avec trois amis : vous serez surpris par la variété – et la précision – de leurs réponses.

Ce qui suit n'est qu'un petit échantillon des Cubes que nous avons rencontrés en près de trois ans :

- un Cube en aluminium noir de 1,80 m d'arête.
- un Cube en éponge de 2,5 cm d'arête.
- un Cube en verre incassable traité anti-rayures de 6 m d'arête.
- un glaçon.
- un Cube de la taille d'un immeuble avec quatre façades de couleurs différentes.
- un diamant gros comme le poing, brillant de mille feux.
- un morceau de fromage plus gros que la lune.
- un édredon en coton.
- un ordinateur géant de couleur bleue.

- un Cube d'eau de mer bleu foncé de 5 cm d'arête.
- une maison de verre abritant des rochers et des cascades.
- un Cube en bakélite en équilibre sur un coin.
- un Cube en acier massif flottant sur un lac.
- des dés de toutes tailles.
- des Rubik's Cube.
- un Cube de limonade rose congelée de 60 cm d'arête.
- un Cube en aluminium avec des fenêtres sur chaque côté et dans lequel vivent des gens.
- une tente de bédouin.
- un Cube en papier.
- un Cube envahi d'herbe.
- un Cube nuageux.
- un Cube de lumière.

Point n'est besoin de faire appel à un psychologue pour vous expliquer votre Cube.
De fait, tout comme vos rêves, vous seul pouvez vraiment en déchiffrer la signification.

C'est un message que vous vous adressez à vous-même, un message qui, chaque fois que vous le regardez, n'en finit pas de dévoiler de nouveaux pans de votre personnalité. Dans plusieurs mois, vous pouvez être sûr qu'en l'examinant à l'improviste, vous apprendrez encore quelque chose sur vous-même.

Voici des pistes qui vous aideront à percer les mystères de votre Cube
– et ceux de votre moi profond.

QUEL VOLUME OCCUPE-T-IL ?

Bien qu'il soit déjà arrivé à un homme mesurant 1,80 m de décrire un Cube de 1,80 m d'arête,
n'allez pas en déduire que les dimensions de votre Cube sont obligatoirement en rapport avec votre taille.

Un ancien boxeur, véritable armoire à glace, a ainsi décrit un Cube étonnamment petit, mais en titane ultrarésistant et surmonté d'un avion espion aux lignes épurées (alors qu'il n'avait pas vingt ans, cet homme avait survécu dans un camp de prisonniers en Russie et s'en était échappé).

Affirmer que la taille de votre Cube reflète l'importance que vous vous accordez serait chose aisée, mais cet argument aussi est réfutable. Votre Cube peut très bien être minuscule mais en or ou en diamant, à moins qu'il ne renferme le secret de la vie.

Pour preuve, cette ménagère canadienne, mère de trois enfants, qui se représentait son Cube comme un modeste dé posé par terre – mais sur les faces duquel se lisait toujours le chiffre 1 ! (Les dés suggèrent aussi la prise de risques et la chance.)

La taille du Cube peut donc être une fausse piste – voire un piège tendu par votre imagination…

Un policier qui cachait sa timidité sous des airs de matamore voyait un Cube si grand qu'il occupait tout l'horizon et se fondait dans l'air brûlant, tel un mirage. De fait, cet homme cherchait à en mettre littéralement « plein la vue » à son entourage !

Une artiste originaire de l'ex-Yougoslavie a éclaté de rire parce que son Cube, tout petit, couleur sable et à demi enfoui dans le désert, reflétait parfaitement sa façon de vivre : sans faire de bruit, le plus discrètement possible, afin de préserver sa tranquillité.

On peut supposer qu'un Cube sera d'autant plus grand que l'enfant qui l'imagine, lui, sera petit.
Rien de plus logique : lorsqu'on est bébé, le monde se limite à notre personne. Grandir est un processus long et douloureux au cours duquel on prend peu à peu conscience du monde extérieur tout en cherchant à s'y faire une place.

La taille de votre Cube rend compte d'une réalité complexe.
Ne soyez donc pas inquiet : il n'y a pas de « bonnes » dimensions,

seulement une variété infinie de proportions et de perspectives.

Un gros Cube peut certes témoigner d'un orgueil démesuré. On peut aussi y voir le signe que le monde est pour vous très vaste et que vous nourrissez de multiples centres d'intérêt.
A moins qu'il ne trahisse un penchant à l'introspection et une grande curiosité envers vous-même.

Un Cube minuscule peut, quant à lui, tout aussi bien révéler un attachement au cadre de vie qu'une nature extravertie, attirée par l'inconnu.
Vous pouvez vous sentir petit ou perdu à l'intérieur – ou avoir l'impression d'être son secret le mieux gardé !

Un Cube de taille moyenne indique éventuellement que vous acceptez de vous fondre dans la masse ou que votre situation en ce bas monde vous satisfait pleinement.
Cet aspect du Cube ne vous paraît pas alors fournir matière à débat, le plus important étant « l'étoffe dont vous êtes fait ».

DE QUOI EST-IL FAIT ?

Voici venir l'élément le plus évocateur, le plus sensuel et le plus révélateur de votre autoportrait.

- La surface de votre Cube représente la frontière de votre âme. Est-elle :

  facile à franchir ou, au contraire, fermée au monde extérieur ?
  transparente, translucide ou opaque ?
  dure ou molle ?
  brillante ou mate ?
  fragile ou solide ?
  poreuse ou hermétique ?

- Ses parois sont-elles :

  d'apparence identique ?
  réfléchissantes (et si oui, quelle image s'y reflète) ?
  colorées ?
  d'une ou plusieurs couleurs ?
  les couleurs changent-elles ?

- Le centre de votre Cube révèle ce que vous ressentez au plus profond de vous. Est-il :

massif ou creux ?
lourd ou aérien ?
sombre ou lumineux ?
ferme ou mou ?
familier ou inconnu ?

Réfléchir à la composition de votre Cube peut vous amener à découvrir si on lit en vous comme dans un livre, si vous êtes sensible, fragile… et plus encore.

Les interprétations sont innombrables :
le verre demande à ce qu'on regarde à travers,
l'herbe et le coton appellent le toucher,
la pierre ou l'acier sont caractérisés par leur propre poids,
la brique peut symboliser un foyer,
le diamant éblouit de ses feux.

Votre Cube est-il :

- naturel ou artificiel ?
- high-tech ou artisanal ?
- éternel ou périssable ?
- banal ou rare ?

Peut-il fondre,
se cabosser,
se briser,
rebondir ?

Est-il absorbant,
extensible,
perméable,
friable ?

Et qu'en déduisez-vous ?

OÙ SE TROUVE-T-IL ?

L'emplacement de votre Cube dans le désert,
par rapport au sable,
au ciel,
à l'horizon
et au premier plan,
est également significatif.

- Êtes-vous terre à terre, en prise avec les réalités quotidiennes ?

- Êtes-vous renfermé ? Confiant ou méfiant ?
- Où sont vos racines ? Êtes-vous englué dans une ornière ? Coincé au trente-sixième dessous ?
- Ou bien sur une pente ? « Au-dessus de tout » ?
- Les pieds sur terre, touchez-vous le ciel ?
- Flottez-vous dans un univers d'idées et de rêves ?

Tout comme les graphologues et les astrologues, nous pouvons analyser la position de votre Cube en termes de zones. Elles sont au nombre de trois :

- L'espace au-dessus de l'horizon représente le domaine de l'esprit et de l'âme, ou bien l'ambition et les désirs.
- La ligne d'horizon et la surface de la terre symbolisent la réalité tangible et concrète.
- Tout ce qui se trouve en dessous relève du domaine de l'inconscient et de l'instinctif mais c'est aussi la famille, la tradition, le passé.

La proximité plus ou moins grande de votre Cube par rapport au devant de la scène peut refléter la nature de vos relations avec les autres,

la distance que vous maintenez entre eux et vous,
l'espace et la solitude dont vous avez besoin.

D'un autre côté, elle peut suggérer une priorité accordée
à l'immédiat,
l'« ici et maintenant »,
ou une vision à long terme du futur (ou du passé).

Rappelez-vous : vous seul êtes capable d'interpréter
votre Cube !

Que vous évoque-t-il :

- S'il est en équilibre sur un angle ?
- Au bord d'un gouffre ?
- S'il décrit lentement un cercle ?
- S'il roule ?
- S'il tourne sur lui-même ?
- S'il est lourd et cependant suspendu dans les airs ?
- Ou enfoui dans le sable ?
- S'il tient dans le creux de votre main ?

(Vous trouverez d'autres interprétations possibles dans le
Vocubulaire.)

L'échelle, symbole de vos amis

Voici l'élément le plus mystérieux de ce jeu.

Comprendre pourquoi votre Cube représente votre personnalité n'est pas difficile, mais quel lien existe-t-il entre vos amis et une échelle ?

Une chose est sûre : ce jeu révèle toute leur importance et leur rend hommage.
Car, à part vous, vos amis comptent plus que quiconque, plus même que votre partenaire.

A l'aube, dans le désert,
l'échelle est seule avec le Cube,
elle le soutient,
s'appuie contre lui ou l'accompagne simplement,
elle aide à voir clair au plus profond de lui,
à atteindre son sommet
ou un point situé au-delà,
reliant alors le Cube à la terre ou au ciel.

Cette image nous dévoile un autre secret sur les amis : l'échelle est un symbole spirituel.

Il n'est que de se rappeler le songe de Jacob :

> « Et voilà qu'il eut un songe : voilà qu'une échelle était dressée à terre et son sommet touchait le ciel et des anges de Dieu y montaient et descendaient. »

(Nos amis seraient-ils des anges gardiens ?)

Dans la basilique du Saint-Sépulcre, à Jérusalem, l'échelle symbolise l'incarnation du Christ descendu sur terre et son retour auprès de l'Esprit saint.

Pour les bouddhistes, cet élément, muni de sept barreaux sacrés de couleurs différentes, prend la forme d'un arc-en-ciel qu'ils gravissent au cours du cycle des réincarnations.

Ainsi, toute échelle – qu'elle soit métallique, en bois, abîmée par les intempéries, éclaboussée de peinture ou couchée au sol – représente une aide à la fois spirituelle et pratique.

Une échelle est une échelle, même si l'on n'y monte pas.

Le but secret de l'amitié est d'élever votre esprit,
de le guider vers des sommets,
tant intérieurs qu'extérieurs,
mais aussi de vous aider à redescendre sur terre si vous restez trop longtemps la tête dans les nuages !

Vers quoi vos amitiés tendent-elles ?
Jusqu'où vous mènent-elles ?
Et vous-même, quelle voie suivez-vous ?
Vos amis vous guident-ils ?

> Un homme qui travaillait dans l'univers impitoyable des agents artistiques de Hollywood voyait une échelle noire, tordue, courbée vers le sol. « Ici, je n'ai aucun ami, m'a-t-il confié. J'ai appris que je ne pouvais compter sur personne à part moi-même et ma famille. »

Quelle est la taille de votre échelle ?
Son nombre de barreaux ?
Avez-vous beaucoup d'amis ou seulement quelques-uns, très proches ?

L'échelle de sapeurs-pompiers décrite par un homme s'étendait à l'infini, jusqu'à atteindre les cieux. Or, il compte un nombre impressionnant d'amis qui, plus d'une fois, lui ont rendu de fiers services.
Sa femme, elle, voyait une simple échelle en bois, lisse, avec trois ou quatre solides échelons – ses meilleures amies.

Votre échelle est-elle plus grande que votre Cube ?
Regardez-vous vos amis de haut, sont-ils pour vous des êtres supérieurs ou êtes-vous sur un pied d'égalité ?

L'échelle est-elle stable, solide, vacillante ?
Ou encastrée dans un côté du Cube, voire au beau milieu de celui-ci ?
Est-elle appuyée contre lui, à côté, ou couchée par terre ?
Flotte-t-elle bien droite ou à l'horizontale ?

Est-elle plantée seule dans le sable, fichée en direction du centre de la terre, ou la voyez-vous avant tout dirigée vers le ciel ?

Est-elle
en fer forgé,
en bois,
en aluminium ?

Ou est-ce une échelle de corde (mais alors, la corde est-elle rigide ou souple) ?

Quelles conclusions en tirez-vous sur vos amis ?

S'ils sont irremplaçables, votre échelle peut représenter votre famille d'origine – votre arbre généalogique.

Telle échelle, enveloppée de ficelles et trempée par la tempête, pesait si lourdement sur sa propriétaire qu'elle fracassait les parois de son Cube en verre.
La personne fronça les sourcils : « Mes amis ne se comportent pas comme ça avec moi. »
Mais sa mère, si.

Une autre, en bois, était couchée par terre. Un des barreaux, pourri, tenait à moins que rien. L'homme en question avait non seulement perdu son frère dans un accident de voiture, mais aussi l'un de ses amis, qui s'était suicidé.

« C'est une vieille échelle en bois, comme celles que l'on trouve accrochées au mur des garages et que seul votre grand-père sait décrocher et escalader en un tour de main pour récupérer votre cerf-volant échoué sur le toit », a expliqué un homme avec tant de chaleur dans la voix que seules deux conclusions s'imposaient : soit ses vieux amis faisaient pour lui partie de la famille, soit son grand-père était son meilleur ami.

L'échelle et le Cube sont-ils constitués de la même matière ? Sinon, en quoi diffèrent-ils ?

Une autre personne a imaginé une échelle en sable dont les grains scintillaient comme autant de paillettes et qui reliait son Cube – un nuage – au sol.

S'ils ont le sens des réalités, ses amis ont en tout cas l'air d'être de joyeux lurons !
Un pianiste de jazz, du signe du cancer, a décrit une échelle liquide, prêtant ainsi à ses amitiés la fluidité de l'improvisation.
(Selon sa femme, il faut littéralement « ramer » avant de compter parmi ses amis.)

Des cinq éléments de ce jeu, vous constaterez que seule l'échelle ne se dépare jamais totalement de son mystère alors même que les autres vous sembleront depuis longtemps avoir dévoilé tous leurs secrets.
Elle seule continue à fasciner et intriguer.

Il en va de même de l'amitié, qui est bien plus que ce qu'elle paraît à première vue.

(Le Vocubulaire vous fournira d'autres indices pour déchiffrer l'énigme de l'échelle.)

Le cheval, symbole de la personne aimée

Nous voici maintenant en terrain plus familier.

N'importe quelle jeune fille sait instinctivement
que le cheval renvoie à une promesse sexuelle :
un muscle mystérieux se mouvant entre ses cuisses,
une vague innocente et dangereuse,
une force et une joie animales

Votre partenaire figure l'animal dans votre existence,
il ou elle incarne et appelle l'animal qui est en vous.

Par ailleurs, ce symbole n'est pas purement sexuel.
Un amant, de même qu'un cheval, peut être :

- un fidèle compagnon,
- un protecteur,
- un vrai coureur (ou un piètre sauteur),
- un fardeau,
- un paria,

- un bourrin,
- un crack !

Elle ou lui peut :

- vous mener dans des endroits où vous n'iriez jamais seul(e),
- être docile ou discipliné(e),
- être orgueilleux(se) ou rebelle,
- s'enfuir avec vous ou loin de vous,
- vous désarçonner,
- rester auprès de vous ou ne faire que passer.

Le cheval représente votre amant(e) tel(le) que vous vous le (la) représentez.
Vous reconnaîtrez sa couleur, sa race
et son comportement.

Si vous êtes catégorique quant au choix d'un cheval ou d'une jument, cela ne témoigne pas d'une préférence sexuelle mais des qualités de la personne en question au vu de préjugés bien ancrés :

Est-elle audacieuse, autoritaire, aventureuse ?

Est-elle appréciée pour sa patience d'ange ?
Ou pour sa douceur protectrice ?

Si, pour l'heure, vous êtes célibataire, le cheval représente votre partenaire idéal – présent, passé ou à venir.

Votre cheval est-il :

- un pur-sang ?
- un cheval arabe ?
- un mustang ?
- Pégase ?
- un poney ?
- le destrier d'un chevalier ?
- un cheval de trait ?
- un cheval de rodéo ?

Tel homme, dont la petite amie adore danser, se représentait un lipizzan blanc.

Tel autre, dont la femme était grande, timide et rousse, voyait une licorne dorée.

Le plus triste cheval fut décrit par un homme solitaire qui avait tenté en vain de rencontrer l'âme sœur grâce aux petites annonces. Son cheval était en bois, comme dans les manèges.

Votre cheval est-il :

- sauvage, libre de toute attache ?
- sellé et bridé ?
- attelé au travail ?
- paré et bichonné ?

Diriez-vous de votre partenaire qu'il est impétueux,
indépendant,
docile,
respectueux ?

Par ailleurs, où le cheval se trouve-t-il ?

- Sur le Cube ?
- A l'intérieur ?
- Galopant autour de lui ?
- Trottant dans son ombre ?
- Debout tout près de lui ou loin, à l'écart ?

Une femme très prise par son travail dans une agence littéraire avait pour petit ami une personnalité très en vue. Elle nous a décrit un fier cheval relégué bien loin à l'arrière-plan – image pour le moins révélatrice de ses priorités dans la vie !

Une autre (qui avait eu une enfance misérable mais avait fini par trouver la sérénité au côté de son mari) sautait du sommet de son Cube sur le dos d'un étalon noir qui la transportait ensuite à l'intérieur du Cube, là où elle n'osait aller seule.

Le cheval d'un adolescent qui avait effrayé plus d'une fille par la force de ses sentiments se trouvait acculé au bord d'un Cube haut comme une falaise et il hennissait, incapable de redescendre.

Les rapports entre le cheval et le Cube représentent l'état de votre relation amoureuse.
Il ne correspond pas toujours à ce que vous aimeriez mais il est véridique
– du moins en ce qui vous concerne.

Votre partenaire peut voir les choses différemment.

Pourquoi ne pas jouer au Cube à deux ?
Vous ne vous influencerez pas l'un l'autre puisque votre image n'appartient qu'à vous.
C'est là tout le charme du jeu !
Préparez-vous seulement à rire jaune au moment où vous en arriverez au cheval.

Vous pourriez tout aussi bien rougir de plaisir… que faire la grimace !

> Une femme dont les enfants, aujourd'hui adultes, s'accordent à reconnaître en privé que c'est elle qui porte la culotte, nous a dépeint un petit cheval doux comme un agneau lové sous son Cube alors même que son mari était assis à côté d'elle.
>
> Une jeune fille, en compagnie de son petit ami, voyait un cheval sorti tout droit d'une bande dessinée. (Et, effectivement, le petit ami en question était un sosie de Lucky Luke !)

Un Anglais à la logique toute personnelle se le représentait sous les traits... d'un chameau ! « Après tout, nous sommes dans le désert ! » Mis au courant du secret, il regarda sa femme et haussa les épaules : « Ma foi, elle a bien deux bosses ! » Pour son épouse, une incorrigible romantique, il s'agissait cette fois d'un fier cheval arabe couvert d'ornements royaux et de pierres précieuses.

Un père de famille assis à côté de sa blonde compagne s'est exclamé, catégorique : « C'est un palomino et il galope si loin du Cube qu'il n'y a aucun lien entre eux. » C'est alors que ses trois filles aux cheveux auburn se sont mises à courir en riant, portraits crachés de leur mère – son ex-femme.

Si votre cheval n'est en rien comparable à votre partenaire dans la vie, ou s'il est très éloigné,
si votre Cube réfléchit simplement l'image d'un cheval qui ne fait que passer,
si, malgré tous vos efforts, aucune crinière ne se profile à l'horizon,

si vous voyez non pas un mais deux chevaux,
s'il se métamorphose en approchant du Cube,
ou s'il est plus proche de l'échelle que du Cube…

qu'en déduire ?

(Pour en savoir plus, consultez le Vocubulaire.)

La tempête, symbole des ennuis

Vous vous en doutiez, n'est-ce pas ?

C'est une image classique. Presque banale.
Songez à tous ces moments dramatiques, dans les vieux films, quand la pluie fouette les carreaux, que le tonnerre et les éclairs accompagnent la scène de ménage entre les amants…

La surprise, c'est que cette même tempête
apporte la lumière.

Jusqu'à maintenant, tout était immobile, d'un calme presque surréaliste.
Seul le cheval se déplaçait (ou, plus rarement, le Cube).
Leurs relations semblaient figées et éternelles.
Votre vie ressemblait plus à une photo posée
qu'à un film d'action.

La tempête – cette part d'imprévu dans la vie – met tout en mouvement.

L'équilibre est menacé.
Soudain, il y a du danger, du suspense… une intrigue !

Le Cube sera-t-il foudroyé par l'éclair ?
L'échelle sera-t-elle emportée au loin ?
Le cheval ira-t-il s'abriter ?

De même que les crises mettent au jour
la nature de chacun,
la tempête vous met à l'épreuve,
ainsi que vos amis et votre partenaire.
Qui protège qui ?
Qui résiste le mieux ?
Supportez-vous les coups du sort ?
Ou pas du tout ?

En majorité, nous rejetons la tempête en la tenant à l'écart, voire loin, très loin du Cube.
Si la vôtre est sans conséquences ou se déroule au loin, votre devise est « Pas de panique ! »
Vous êtes sans doute dans une période favorable, sans aucun nuage à l'horizon.

« Après la pluie, le beau temps », dit le proverbe. Il y a neuf ans, épave ballottée par des vents contraires,

> cette femme allait à la dérive – alcoolique, sans le sou, malade. Aujourd'hui, elle a enfin trouvé son havre de paix : un travail, un bon époux et une fille intelligente.

D'un autre côté, rejeter la tempête peut signifier
refuser de voir la réalité.
« Cela n'arrive qu'aux autres ! »
Il n'y a aucun mal à cela.
Nier sert parfois à protéger l'âme, à bannir les mauvaises nouvelles
– et, pourquoi pas, force la chance…

Mais nier peut aussi avoir des conséquences fatales.

> Cet homme fume trois paquets par jour. A quarante-deux ans, il apprend qu'il a un emphysème encore peu développé. Il néglige les avertissements de ses amis. Pour lui, la tempête est à mille lieues – alors qu'elle couve au plus profond de lui, dans ses poumons !

Tôt ou tard dans la vie de tout un chacun, une tempête surgit.

Si la vôtre est éloignée, remerciez le ciel…
et priez pour qu'il ne finisse pas par vous tomber sur la tête !

Une tempête au fond du désert est le signe d'une accalmie.
Vous savez qu'elle est là, quelque part, mais pas « ici et maintenant »
– et cet état de fait pourrait se prolonger indéfiniment.

> Un homme de soixante-seize ans, en bonne santé après avoir subi un pontage coronarien, trouvait à sa tempête plus d'un point commun avec la mort : elle surviendrait un jour mais elle n'était pas imminente pour autant. Il la tenait donc à l'œil et profitait des beaux jours qu'il avait devant lui.

Si, au contraire, la tourmente fait rage, accompagnée de tempêtes de sable, de pluies battantes et d'éclairs, comment réagissez-vous ?
Comment le Cube, l'échelle et le cheval réagissent-ils face aux éléments déchaînés ?
Seuls ou ensemble ?

> Une femme qui avait pour Cube une tente de bédouin a fait entrer son échelle et son cheval à

l'intérieur pour les abriter tandis que les pans de toile claquaient au vent comme les voiles d'un navire.

Un homme qui ne se fie qu'à sa famille a placé son Cube de diamant sur une dune où il était entouré de fleurs. Tout autour d'elles, une licorne dorée trottait sans discontinuer, tenant ainsi à l'écart la tempête de sable qui grondait à l'extérieur de son cercle magique.

Peut-être parce qu'elle est écrivain, cette autre femme vit sa vie en observatrice. Son cheval évitait adroitement une violente tornade tandis que son échelle s'enfouissait dans le sable et que son Cube, en acier poli, reflétait la scène.

Une jeune mère généreuse, aimant faire la fête, donnait à son Cube des allures de station balnéaire avec palmiers, bar et piscine. Elle voyait ensuite une tempête de sable se déchaîner sur cette oasis et briser tout sur son passage. Puis les choses reprenaient leur aspect normal. De même, comme une enfant, cette femme est vite chagrinée et vite consolée.

D'une manière générale, le Cube se tire sans dommage de la tempête
– à moins que vous n'ayez vécu un enfer ces dernières années…

Le Cube d'un homme qui avait vu son mariage partir à vau-l'eau et déboucher sur un divorce pénible présentait une fuite d'eau. La tempête l'avait inondé – signe de larmes ravalées ou d'un désir exacerbé ? (Il n'avait pas fait l'amour depuis dix-huit mois.)

Une jeune femme se plaignait d'être délaissée par son petit ami, qui se montrait de moins en moins attentionné. « Il y a du tonnerre, des éclairs, de la pluie. Le cheval s'enfuit. Le Cube… *coule.* » Seule son échelle paraît la protéger : elle flotte à l'horizontale au-dessus de sa tête. Un parent ou un ami ?

Complètement fauché, un sexagénaire avait dû vendre son affaire et renoncer à être son propre patron. « La tempête est là, disait-il, le vent souffle fort. » Quant à son Cube, un dé de parieur ? « Disparu. Emporté par le vent. »

« La tempête démolit tout », nous a déclaré une vieille dame avec assurance, en se frottant les mains, « elle transforme radicalement le paysage. » (Son échelle, composée de « branches mortes attachées les unes aux autres », était couchée sur le sol. « Elle n'a rien à voir avec le Cube. ») Mise au courant du secret, elle a expliqué : « Pas étonnant : j'ai survécu à l'Holocauste. » Mais ni ses amis ni sa famille.

Que l'échelle tienne bon, qu'elle soit emportée par le vent ou projetée à terre est révélateur de la solidité des liens que vous entretenez avec vos amis en cas de coup dur.

Vous soutiennent-ils ?

Se reposent-ils sur vous ?

Restent-ils dans les parages ?

Par ailleurs, avez-vous essuyé les mêmes tempêtes ?

Qui en a le plus souffert ?

Qui a le mieux résisté ?

L' attitude de votre cheval et votre réaction face à celle-ci vous rappelleront sûrement quelqu'un :

« Il perd complètement la tête ! »
« Il se cache sous le Cube. »
« Il se couche en attendant que ça passe. »
« Il survole la tempête ! »
« Il s'enfuit ! »

Le Cube de cette femme est composé de bandes réfléchissantes ondulées qui multiplient les éclairs et effrayent le cheval. (Elle pense qu'il vaut mieux faire face aux problèmes tout en avouant un certain penchant à dramatiser les situations. Son mari, qui lui préfère les fuir, l'accuse souvent de rendre les choses pires qu'elles ne le sont.)

Sauf cas de vrai désastre, la tempête est parfois bénéfique.
Les coups durs ont ceci de bon qu'ils nous rapprochent,
font éclater des vérités difficiles à admettre,
mettent au jour des qualités cachées dont nous ignorions l'existence,
… sans oublier qu'ils apportent la pluie dans le désert !

Pour cette femme, la tempête se résumait à un nuage noir chargé d'éclairs flottant au-dessus de son Cube. Selon elle, un chagrin personnel l'avait éclairée à bien des égards et aidée à mûrir.

Chez cette femme qui, depuis son divorce, vivait seule et sans enfants à quarante ans, une tempête de sable enfouissait complètement son Cube-miroir sous une dune joliment arrondie au sommet de laquelle poussaient ensuite deux magnifiques fleurs rouges…

(Vous trouverez d'autres indications sur la tempête dans le Vocubulaire.)

Les fleurs, symboles des enfants

Que la nature reprenne ses droits après la tempête
ne surprendra pas les mères de famille.
Venant couronner la survie de l'espèce humaine,
les fleurs sont tout ensemble
les roses qu'on lance au tomber de rideau,
le signe du renouveau irrépressible de la vie,
et son risque ultime : la fraîcheur des pétales n'a qu'un temps.

« Je suis responsable de ma rose », déclare le Petit Prince de Saint-Exupéry.

C'est ainsi que les parents décrivent leurs fleurs :
ils s'émerveillent devant leur beauté tout en ayant conscience de leurs responsabilités.
Les personnes qui ont des enfants (ou souhaitent en avoir) les placent généralement
à l'intérieur du Cube,
ou à proximité, à l'abri de la tempête.

Une vétérinaire qui élève ses deux fillettes adoptives a disposé des fleurs de couleurs vives dans un vase à l'intérieur de la tente qu'elle avait choisie pour Cube.

Un chanteur de reggae (qui voudrait avoir deux enfants) voyait, lui, deux roses rouge et jaune pousser à l'ombre de son Cube vert.

Une femme médecin se représentait des marguerites fleurissant tout autour de son Cube, sur une pelouse, au pied d'une pimpante palissade blanche.

Parfois, le cheval se voit assigner le rôle de protecteur : le partenaire devient alors bouclier ou source de vie…

Plus d'un père a noué ses fleurs en guirlande qu'il passait ensuite au cou de son cheval – les offrant ainsi à la mère de ses enfants en signe de récompense.

A la fois consterné et amusé, un homme a vu son cheval uriner sur ses fleurs ! « Est-ce que ça signifie qu'elle en a assez des enfants ? » Bien au contraire, dans la logique saugrenue des rêves, cela signifie qu'elle les nourrit et qu'elle pourvoit donc à leurs besoins.

Pour ce père de famille, les fleurs poussaient sans peine grâce aux rayons du soleil renvoyés par les parois de son Cube-miroir. Cette image protectrice peut perdurer après que les enfants ont grandi, surtout si leurs parents les soutiennent financièrement ou s'ils vivent encore au domicile familial.

Le Cube de ce retraité est une maison paisible. Dans un vase, sur le rebord d'une fenêtre à l'étage, deux fleurs (sur ses six enfants, deux sont particulièrement proches de lui et reviennent à la maison à la moindre occasion).

Cette veuve aurait aimé que ses deux aînés volent déjà de leurs propres ailes. Mais ils vivent toujours chez elle et cherchent en vain un emploi. Ses fleurs, d'un rose éclatant, poussent dans l'obscurité à l'intérieur de son Cube, mais au « plafond » et tête en bas (ils « dépendent » littéralement d'elle).

Il y a ceux qui plantent leurs fleurs dans une petite oasis rien qu'à eux,
un bout de jardin bien entretenu ou une clairière
et ceux qui les imaginent flottant dans un bassin au milieu de nénuphars,
s'épanouissant en gerbes flamboyantes… sur des cactus
– pareille beauté vaut bien quelques épines !

> La mère d'un garçon, tout juste remise de son divorce, a décrit un homme à cheval foudroyé par un éclair. Des fleurs poussaient ensuite sur sa tombe.

Par contraste, les personnes sans enfants (et qui ne désirent pas en avoir) ont tendance à voir des fleurs pousser n'importe où et n'importe comment à l'extérieur du Cube.
Elles pensent que les fleurs survivront à la tempête sans aucune aide de la part du cheval ou du Cube.
Leurs fleurs se ressemblent toutes, contrairement à celles des parents qui sont variées, différenciées et décrites dans le détail.

« J'aimerais que mes fleurs soient mauves avec de grandes tiges mais elles ne le sont pas, a avoué un écrivain (sans enfants). Je vois juste des fleurs sauvages, jaunes et blanches, toutes petites, à peine visibles. »

A l'inverse, une tante aimante se représentait un champ de superbes jonquilles !

« Je déteste les enfants », a affirmé une esthéticienne et, cependant, un tournesol poussait vigoureusement entre son Cube et son échelle, s'élevant en spirales vers le ciel. « Il doit s'agir de mes clientes ! »

Une fleur ne représente pas forcément
un enfant de chair et de sang.
Vous saurez si elle renvoie à un projet naissant,
une idée,
un client
ou un animal favori
– peu importe, du moment que cette chose ou cette personne vous est chère,

qu'elle vous rend votre affection
et qu'elle fait refleurir votre désert !

(D'autres indications sur les fleurs figurent dans le Vocubulaire.)

Le désert, symbole du monde

Nous ne nous étions jamais interrogé sur la signification du désert jusqu'à ce quelqu'un nous le demande :
nous avions jusqu'alors supposé qu'il avait été choisi pour son côté neutre,
comme une page blanche sur laquelle dessiner un Cube.

Mais nous avons remarqué à quel point les déserts différaient d'une personne à l'autre.
D'aucuns l'associent à un lieu menaçant, lugubre, stérile et rude, où seuls poussent des cactus.

> Un enfant de huit ans qui luttait contre le cancer voyait un cactus jeter des flammes sur son Cube en forme de boîte de jeux, laquelle s'ouvrait et crachait de l'eau !

Pour certains, la nudité de ce paysage constitue un moyen de parvenir à plus d'efficacité, d'indépendance, de lucidité

et à une plus grande richesse spirituelle.
Ce peut aussi être une terre hospitalière
à la végétation luxuriante.
Une oasis plus qu'un désert !
Les dunes offrent au regard des courbes sensuelles
souvent agrémentées d'un gracieux palmier contre lequel
s'appuie l'échelle,
apportant ainsi de l'ombre aux fleurs.

> Une femme voyait le désert comme une plage tandis qu'une actrice, elle, y avait planté un télescope afin de pouvoir observer en toute tranquillité le festival d'éclairs déclenché par la tempête (ou alors quelle « star » brillait au firmament ?)

Le désert représente le monde tel qu'il vous apparaît :
c'est la scène nue où se joue votre vie,
tantôt Sahara redoutable
auquel vous ne pouvez rien changer,
tantôt désert californien
aménagé comme un paradis sur terre.

Les cactus sont des adversaires épineux,
les mirages des illusions charmantes.

Les oasis, quant à elles, montrent la voie
vers des lendemains qui chantent.

Troisième partie

Tirer les enseignements du Cube

Vous comprenez maintenant pourquoi le Cube,
plus qu'un simple jeu,
est aussi
une source divinatoire,
un instrument de connaissance mystique
qui facilite l'introspection et révolutionne votre vie.

La connaissance de soi est un atout précieux.
Regarder la vérité en face est la seule façon
    de l'aimer,
    de s'en amuser,
    de l'améliorer,
    de la transformer
pour enfin vivre en harmonie avec elle.

Le Cube ne ment pas,
Le Cube ne se pose pas en juge.
Ce qu'il vous montre
est ce qui est en vous
– ce que vous n'auriez jamais cru pouvoir receler.

Les pages qui suivent vous dévoileront comment le pouvoir du Cube peut apporter le savoir et prodiguer des conseils à ceux qui affrontent son secret.

« CONNAIS-TOI TOI-MÊME »

Le principe le plus important à connaître, aussi simple qu'il puisse paraître :
personne ne hait son Cube.

Si quelqu'un vous demandait de vous décrire,
vous passeriez en revue
vos qualités et vos défauts.
Votre Cube, lui, n'a ni bonnes ni mauvaises caractéristiques,
juste des propriétés :

> la dureté,
> la douceur,
> la grosseur,
> la petitesse,
> la transparence,
> le mystère,
> l'éclat…

Chacune est belle et se défend à sa manière.

Partant du principe que vous êtes en partie
étranger à vous-même,
votre Cube vous mène hors des sentiers battus
de l'autocritique
et de son corollaire : le jugement faussé.

Bien que vous lui ayez donné naissance,
votre Cube est objectif.
Ce miroir de votre personnalité n'est ni flatteur ni cruel.
Il est fidèle.

> « Oui, je suis dure, et cependant, il émane de moi une certaine douceur, a reconnu une femme dont le Cube était en acier brossé. Les gens sont attirés par l'image que je leur donne d'eux-mêmes. Mais je ne montre rien de ce qu'il y a en moi : mon Cube est dense comme un roc. »

Cette même femme s'étonnait de la « transparence » d'une de ses amies : le Cube de celle-ci, une serre vitrée, offrait au premier venu le spectacle de sa vie privée. Et, en effet, cette personne parle ouvertement de ses sentiments les plus intimes et se promène nue dans son appartement !

Peut-on jamais savoir ce qu'il convient mieux d'être
ou de ne pas être ?
Telle n'est pas la question.

Rejetant la comparaison, le Cube attire votre attention sur ce qui fait de vous un être unique.
Des termes aussi anodins que « transparence » ou « dureté » prennent des sens différents selon les cas.

N'oubliez pas qu'on a les qualités de ses défauts et vice versa :
chaque point fort comporte son revers de la médaille.

Faites la liste des caractéristiques les plus évidentes de votre Cube.
En quoi constituent-elles un atout, une force ?
En quoi sont-elles un frein ?

A la fin de ce jeu, vous vous apprécierez davantage

car chacune des particularités de votre Cube présente un côté positif.

(Un conseil : faites découvrir ce jeu à une classe d'écoliers en le limitant au Cube. Demandez-leur de noter ce qu'il a de pratique, d'amusant ou de beau. A ce moment-là seulement, dévoilez-leur le secret et laissez-les garder cette liste de leurs qualités pour les jours où ils n'auront pas le moral.)

Gageons que lorsque vous les aurez vues sous cet angle concret, vous considérerez vos faiblesses avec un certain détachement ironique.
Elles font partie de vous,
Vous les avez acceptées.

> « Mon Cube est en marbre noir, il fait près de 5 km d'arête, et je le regarde de haut ! a reconnu en riant un réalisateur de l'Europe de l'Est. Ma tempête, qui est pourtant impressionnante, paraît ridicule à côté. » Il sait que son ego monumental écrase certaines personnes (il est parfois tyrannique sur un

tournage), mais aussi qu'il ne s'en serait jamais sorti dans son pays ni dans son milieu professionnel s'il en avait été autrement.

Toutefois, de temps à autre, votre Cube vous dévoile un aspect de votre personnalité que vous aimeriez changer,
un trait jusqu'alors abstrait ou flou
désormais aussi visible que le nez au milieu de la figure
et que vous pouvez enfin décrire et désigner précisément.

> « Je ne m'étais pas rendu compte à quel point j'étais devenue renfermée, a constaté la femme au Cube en acier. C'est vrai, je maintiens une distance entre les autres et moi, je ne montre pas ce que je ressens. »

Même un Cube de granit
est à la merci de toutes les métamorphoses
lorsqu'il naît de l'imagination
– ce lieu de tous les possibles.

Un trait de caractère dont vous avez pleinement conscience
est comme une argile entre vos mains.

Faire peau neuve

Votre Cube ne donne pas de vous une image valable toute votre vie.

Vous n'avez pas toujours été et vous ne serez pas toujours tel qu'aujourd'hui,

aussi le Cube ne rend-il compte que de votre personnalité actuelle.

De même, votre vision d'ensemble des cinq éléments symbolise votre vie présente.

Il y a cinq ans, vous auriez décrit

un Cube,

une échelle,

un cheval,

une tempête

et des fleurs

très différents.

Et dans cinq ans, ils auront probablement encore changé.

Les Cubes qui jalonnent notre vie peuvent être

extrêmement variés.

Tout le monde change.
Tout le monde peut décider de changer.

Aucun acte n'étant sans conséquences,
jouer au Cube fera de vous une autre personne,
simplement en vous dévoilant à vous-même
sous un autre jour.

Les scientifiques le savent :
la présence d'un observateur
influe sur une expérience ;
les alchimistes le savent :
travailler sur certaines images revient à toucher
au cœur même de la vie.

En mettant en branle des forces synchroniques,
le Cube agit de la manière la plus mystérieuse qui soit.

Une femme voyait une simple échelle en bois, ni trop grande ni trop petite, flottant à quelques pas de son Cube. « Je choisis bien mes amis, pensait-elle, mais j'ai peu de contacts avec eux. » Le lendemain, elle recevait un coup de téléphone de deux d'entre eux dont elle était sans nouvelles depuis des mois.

Le meilleur moyen de progresser grâce au Cube consiste à prendre son message au sérieux.

Consciente d'avoir pris la mauvaise habitude de garder pour elle ses pensées et ses sentiments, la personne au Cube en acier fait à présent des efforts pour se montrer plus ouverte.

L'agent artistique dont l'échelle tordue ployait vers le sol a décidé de renouer le contact avec ses amis d'avant Hollywood.

Une autre méthode consiste à imaginer ce qu'il adviendrait
si vous pouviez changer à votre guise la composition
de votre Cube.
Attention :
il serait trop facile de passer de l'acier au verre
ou du nuage à l'herbe.
N'espérez pas vous glisser dans la peau de quelqu'un d'autre.

Il vous faut travailler à partir du Cube
tel qu'il se présente à vous
et respecter sa nature.

Demandez-vous par exemple
à quoi il pourrait être sensible.

> Le moyen de faire fondre l'acier ?
> (Une passion brûlante, bien sûr,
> qui le dévorerait jusqu'à atteindre son cœur !)
> Si le naturel confine à l'exhibitionnisme,
> comment une serre vitrée
> peut-elle gagner en intimité ?
> (Avec des rideaux !)

Voilà pour ce qui manquait à votre vie.
Vous savez désormais à quoi vous ouvrir
ou ce qu'il faut ajouter à votre quotidien.

« Le seul problème avec le Cube, c'est qu'on ne peut y jouer qu'une seule fois »,
nous a fait judicieusement remarquer un ami.

Exact.
Si vous aviez su que le Cube vous représentait,
vous n'auriez pu le créer.
C'est votre ego qui l'aurait imaginé,
pas votre âme.

A présent que vous êtes initié,
vous avez perdu votre innocence.
Vous ne pouvez plus que supposer
à quoi votre Cube ressemblera dans dix ans.
Et toute tentative pour transformer l'actuel,
si douce et bien intentionnée soit-elle,
reviendrait à user de violence contre lui au lieu de vous concentrer sur sa nature profonde.

Mais dites-vous bien que les images aussi ont une vie.
Faites-leur confiance.
N'hésitez pas à reconsulter mentalement votre Cube.

Faites-le sans rien désirer, sans rien forcer.
Regardez simplement.
Est-ce le même ?

A-t-il changé et si oui, comme vous l'espériez ?
Ou d'une autre façon ?

D'accord, le Cube en acier ne s'est pas ouvert tout à coup,
dévoilant son contenu comme par enchantement.
Mais il n'est plus immobile.
Sa surface réfléchit désormais la course des nuages,
et doucement,
tout doucement,
il s'est mis à tourner.

Vos proches, le Cube et vous

La richesse du Cube ne se limite pas à votre cas.
Y jouer avec d'autres personnes – parents, collègues, amis, amants – est très instructif.
Ce jeu vous rappelle à quel point chacun de nous est unique,
il avive votre perception de vous-même et des autres,
il rend plus palpitante la relation amoureuse,
il révèle à vos yeux étonnés des gens que vous pensiez connaître et,
par l'intermédiaire de leur échelle ou de leur cheval,
vous apprend ce qu'eux pensent de vous.

Comme toujours, évidemment,
il s'agit bien plus que d'un jeu.
Toute relation, une fois vue sous un nouvel angle,
est modifiée à jamais.

Prenez une pièce remplie de personnes
dont certaines se connaissent depuis longtemps
et d'autres se rencontrent pour la première fois.

Le Cube est un catalyseur
qui peut transformer une réunion ordinaire en soirée mémorable.

Posez le cadre – le désert – puis
proposez à chaque invité de décrire son Cube
à voix haute.
Idem avec l'échelle.
Avant d'en arriver à la tempête,
le jeu semblera peut-être s'éterniser.
Si les gens s'impatientent
ou s'ils commencent à parler cinéma, sport ou affaires,
précisez qu'il ne reste que deux éléments à décrire
– et faites remarquer les différences étonnantes
qui apparaissent déjà.

Dès que vous aurez révélé le sens du Cube, vous sentirez l'atmosphère changer.
Des remous se feront sentir,
les invités se regarderont différemment.
Le sentiment d'agréable surprise fera place
aux rires embarrassés

puis à un regain d'attention
tandis qu'amis et inconnus commenteront
la pertinence de leurs Cubes
et que les couples compareront leurs chevaux.
Chacun sera témoin d'une révélation
et nouera de subtils liens.
Vous vous rappellerez avec un rare plaisir
les personnes rencontrées ce soir-là
et rentrerez chez vous enrichi d'un nouveau savoir.

❐ ❐ ❐

Entre amis proches, le Cube peut devenir
une marque d'affection,
un clin d'œil complice,
un prétexte à se quereller
ou un simple sujet de conversation.

« Oh, c'est vrai, j'oubliais la taille de ton Cube ! »
« Ne me dis pas que ton canasson est encore parti ! »

Les amis se font des confidences,
se consolent,

s'analysent entre eux,
assumant ainsi un rôle plus ancien
que celui de thérapeute ou de confesseur.

Le Cube apporte à votre intimité un nouveau vocabulaire bienvenu.
(Vous imaginez ? Se plaindre d'une échelle
au lieu de sa mère ?)
Grâce à lui, vous pouvez découvrir
la souffrance physique ou morale d'un être cher.
Entre amis,
il permet de deviner les difficultés de l'autre
et, ainsi, de l'aider à y remédier.

A l'occasion, votre échelle peut dévoiler
une vérité dure à entendre sur vos amis :
qu'ils ne sont pas dignes de vous,
qu'ils ont tendance à vous envahir,
qu'ils sont instables et peu fiables,
qu'ils avancent sans but précis dans la vie…
tout en vous embarquant dans leur galère !

A présent que vous en avez conscience,
c'est à vous de décider :
Allez-vous rompre avec eux
ou continuer à les aimer tels qu'ils sont ?

Et rappelez-vous :
le Cube n'est rien d'autre qu'un miroir.

❒ ❒ ❒

Vous venez de rencontrer quelqu'un et vous vous demandez :
les choses pourraient-elles aller plus loin ?

Le Cube est un excellent moyen de briser la glace
(voire, pourquoi pas, un outil de séduction).
Il autorise des propos rarement tenus lors d'un premier rendez-vous,
il vous en apprend plus l'un sur l'autre
qu'une conversation sur le dernier film sorti ou
vos parcours respectifs.

De fait, ce sont des pans entiers de vos vies
que vous allez vous révéler.

Par ailleurs, avec le Cube pour guide,
vous ne tâtonnez plus côté cœur.
Vous pouvez connaître les données du problème,
avoir un aperçu des pièges à éviter,
savoir ce que l'autre attend d'un(e) partenaire,
prendre conscience de ce qu'ont été vos amours passées…

Vous saurez précisément à quel genre de personne
vous avez affaire.
Mieux : vous entreverrez son imagination
– cet aspect le plus étrange de l'être humain.

Est-ce cela que vous recherchiez ?
Une exquise surprise ?
La moitié d'orange… d'une autre personne que vous ?
Ou le présage d'une catastrophe ?

❒ ❒ ❒

Entre amants ou conjoints de longue date,
le Cube fait parfois surgir des conflits
en dévoilant sans ambages ce que l'autre ressent.

Il met à jour des différences
qui peuvent combler les attentes de chacun
ou constituer une pierre d'achoppement invisible…

Prenons le cas de cette femme romantique : sa vision du désert semble tout droit sortie des *Mille et une nuits*. Mais son étalon royal, noir comme jais et paré de bijoux, n'est pas aux yeux de son mari la monture la plus adaptée au désert : son cheval à lui est un chameau ! Conclusion : en secret, elle rêve d'être choyée, courtisée, entourée de prévenances… Peine perdue : lui admire sa force !

Il n'y a rien de plus édifiant
(mais aussi choquant, émouvant ou apaisant)
que de voir votre relation avec les yeux de l'autre.

Une jeune fille discrète et timide avait un petit ami très orgueilleux. Pourtant, elle imaginait un Cube énorme, immobile, avec des murs d'adobe blanchis à la chaux, et son cheval s'en approchait. Le Cube de son compagnon était en plastique, petit, transparent et enfoncé dans le sable, au premier plan. A l'horizon, très loin de là, il voyait passer au galop un gracieux cheval qui ne remarquait même pas son Cube. Selon toute apparence, elle a plus confiance en lui que lui en elle !

Le cheval de votre partenaire n'indique
pas seulement
quelle place vous occupez dans sa vie
ni
comment il vous perçoit,
mais aussi
l'idéal amoureux qu'il recherche
et qu'il tente de vous faire jouer.

Vous imagine-t-il harnachée alors que vous avez besoin de liberté ?
Vous tient-il à l'écart ?
Semble-t-il chercher un autre cheval ?

Une fois le voile levé, tout peut être discuté.
Même des avis totalement divergents peuvent déboucher sur une meilleure entente.

Il suffit de ne pas essayer de faire coïncider à tout prix le Cube de votre partenaire et le vôtre, simplement de prendre conscience de vos peurs et besoins respectifs.

Jouer au Cube rappelle une vérité trop souvent négligée : le monde n'est pas seulement tel que vous le voyez.

Peu importe les apparences,
Peu importe que votre couple file le parfait amour
depuis trente ans,
au plus profond de vous, vous restez deux êtres distincts.
Votre partenaire et vous ne portez pas
le même regard sur la vie
et vos deux mondes coexistent,
telles deux visions,
uniques et complètes,
de cette oasis qu'est l'âme.

Quatrième partie

Quelques Cubes célèbres...

Erica Jong

Auteur à succès du *Complexe d'Icare*, de *La Peur de l'âge : ne craignons pas nos cinquante ans*, et d'un recueil de poèmes, *A l'Orée du corps*.

Le cube

Oh ! c'est un cube en bois, comme les cubes pour enfants, avec des lettres sur les côtés. Il est posé sur le sable. Je ne distingue pas bien les lettres mais, au fur et à mesure que je m'en approche, je remarque que ce sont celles qui composent mon nom : E – R – I – C – A, peintes en rouge, jaune et bleu. Des couleurs primaires donc, mais elles ont un peu perdu de leur éclat parce que cela fait des siècles que le Cube est dans le désert. Comment est-il arrivé là, c'est ce que j'ignore.

Est-il volumineux ?

Assez pour tenir dans la main. Comme les cubes des jeux de construction, je dirais à peu près 5 ou 6 cm de côté. Je me dirige vers lui et je suis surprise de le trouver là, dans le désert, et de voir que mon nom est écrit dessus.

L'ÉCHELLE

Elle est plantée dans le sable mais elle s'appuie contre un nuage. A première vue, cela ne devrait pas constituer un support solide et pourtant, si. Elle est dorée, elle brille et je me demande si j'ai intérêt à y monter ou si l'ange de la mort, le *malech hamovis*, m'y attend à l'autre extrémité. Représente-t-elle l'extase, la mort, le commencement ou la fin ?

A quelle distance se trouve-t-elle du Cube ?

Assez près.

LE CHEVAL

C'est un cheval arabe à la robe blanche, aux yeux bleus et au naseau finement dessiné. Surtout, c'est mon cheval à moi. Et je crois que la question est de savoir si je vais le monter ou grimper à l'échelle. Il n'a ni selle, ni bride ni quoi que ce soit, mais monter à cru ne me pose aucun problème. Du moins dans ce rêve.

Où se trouve-t-il par rapport au Cube ?

Il est à l'écart sur la gauche, le dos tourné au Cube. Il semble impatient de rentrer chez lui, mais il attend en piaffant.

LA TEMPÊTE

On dirait un nuage noir mais il ne se trouve pas à proximité immédiate, bien au contraire. Il se dirige peut-être vers nous mais ce n'est pas sûr. Peut-être aussi ne fera-t-il que passer sans nous atteindre.

A-t-il un effet quelconque sur les autres éléments ?

Non… mais en regardant tout cela, je me demande s'il ne faudrait pas prendre rapidement une décision (monter à cheval ou grimper à l'échelle). Avant qu'il ne se passe quelque chose.

LES FLEURS

Une couronne de roses rouges, magnifiques, passée autour de l'encolure du cheval.

COMMENTAIRES

Le Cube vous représente.

Ma foi, j'y ai inscrit mon nom alors j'ai dû en avoir l'intuition.

C'est aussi un Cube comme ceux avec lesquels on joue pour apprendre l'alphabet et, par conséquent, un ensemble de lettres, la matière première de votre activité professionnelle.

C'est exact… c'est étrange que les gens ne le voient pas de la même façon. Pour moi, ce ne peut être qu'un cube avec des lettres !

Et l'échelle dorée ?

Avec les années, je compte de moins en moins d'amis véritables – de personnes que je qualifierais ainsi. Je pensais en avoir beaucoup quand j'étais plus jeune et puis, je me suis rendu compte que ceux qui pouvaient prétendre à ce titre étaient peu nombreux. Ceux-là sont inestimables à mes yeux. Ils me sont chers parce qu'ils sont irremplaçables. Je pense aussi comprendre pourquoi des personnes de quatre-vingts ou quatre-vingt-dix ans finissent toujours par vous dire, à un moment ou à un autre : « Je peux bien disparaître maintenant. Tous mes amis sont morts. » Avant, je ne pouvais pas. Je crois que cela fait partie de l'association que je fais dans ce rêve entre grimper à l'échelle et… Je crois que le jour où vos amis ne sont plus – surtout ceux qui occupent une place à part, ceux qui vous ont suivie toute votre vie – vous vous retrouvez larguée, seule au monde. C'est à ce moment-là que vous vous préparez en quelque sorte à partir, à grimper à l'échelle jusqu'aux nuages. Peut-être pour les rejoindre, là-haut… n'importe où.

Le cheval blanc… s'il symbolise l'amant, il est intéressant que je l'aie choisi arabe et blanc – un peu comme s'il incarnait à la fois le danger et la pureté. Ces chevaux sont en effet très rapides et imprévisibles, plus que les pur-sang. Ils sont aussi très fougueux et ont une très belle tête alors que celle des pur-sang est banale, sans relief. La beauté se mêle donc au danger dans cette scène, mais la pureté est aussi présente, comme si une licorne s'y était aventurée. Je suppose que j'exige de mes compagnons qu'ils soient encore plus uniques que cet animal mythique, qu'ils surpassent toutes les limites humaines, ce qui relève bien sûr de la chimère. C'est ainsi que j'ai rompu avec des hommes à différentes époques de ma vie, simplement parce qu'ils ne correspondaient pas à la licorne que je recherchais.

Je comprends aujourd'hui que celle-ci est à la fois présente et absente en chacun de nous. Quelque chose comme de l'impatience nous pousse à tout rejeter sans rien examiner à fond. J'essaie de ne plus agir ainsi, d'être davantage pondérée. On peut effectivement attraper une perle rare mais pas en exigeant trop d'autrui. Les gens peuvent changer, plus qu'il n'y paraît, mais il faut pour cela qu'on leur lâche assez la bride.

Sans pour autant exiger d'eux qu'ils le prouvent constamment.

Exact.

Pourquoi les fleurs sont-elles autour de la tête du cheval, comme une couronne ? Ce sont peut-être des créations, les enfants de votre intellect. Elles ne représentent pas forcément votre fille, mais peut-être vos livres, vos poèmes.

Avant, il me semblait que mes œuvres étaient le fruit d'une relation intime que j'entretenais avec quelqu'un, comme si cette personne était ma muse. Et j'ai toujours tendance à voir en l'homme que j'aime une source d'inspiration. Je lui lis des passages d'un nouveau livre et j'ai besoin de son approbation. Comme si cet échange était capital pour mon travail. Il résume à la fois le lien qui unit un enfant à ses parents et l'individu à Dieu. En général, lorsque je sèche, je déballe tout devant Ken *[Ken Burrows, son mari]* et je lui demande : « Tu crois que ça va comme ça ? » S'il aime, cela m'encourage à poursuivre. Alors, peut-être que les fleurs passées au cou de l'amant figurent cet étalage d'« idées écloses ».

Karl Pribram

Chercheur spécialiste du cerveau, professeur émérite en psychologie et psychiatrie à l'université de Stanford ; directeur du BRAINS (Brain Research and Informational Sciences) à l'université de Radford et lauréat du National Institute of Health Lifetime Research Career Award.

LE CUBE

Je l'imagine transparent. Plutôt grand. Dans la mesure où il s'agit d'un cube imaginaire, je dirais, à peu près de la taille de six maisons. Vraiment très gros.

Est-il en verre ?

Non, plutôt en bakélite.

Simplement posé sur le sable ?

Non, il flotte. A hauteur d'une ou deux personnes. Il plane. Et on peut voir à travers. Derrière, il y a des dunes.

L'ÉCHELLE

C'est une échelle ordinaire. Impossible de vous dire si elle est en aluminium ou en bois. Elle n'a pas l'éclat du premier mais elle n'a pas tout à fait l'aspect du bois non plus, alors je ne sais pas. Mais c'est une échelle.

Où ?

Elle va du désert jusqu'au Cube ! Jusqu'à sa base, en fait. Un petit bout dépasse de celle-ci parce que c'est toujours comme ça avec les échelles. On ne peut pas mettre le pied sur le dernier échelon et ensuite sur le Cube. Le dernier barreau arrive donc juste au-dessus de la base du Cube.

L'échelle s'appuie un peu contre la base du Cube ?

Voilà, c'est ça.

LE CHEVAL

Un arabe ! Je le voyais d'abord avec une robe marron mais, à mieux y réfléchir, il serait plutôt noir. Il galope près du Cube, mais pas… Enfin, il figure dans la même scène. Dans la même image. Alors il est quelque part dans le désert, il galope autour et sous le Cube mais sans passer non plus complètement en dessous.

LA TEMPÊTE

C'est une tempête de sable, à mille lieues du Cube. Très loin, comme vous voyez, mais vous savez comment va la vie : mieux vaut se tenir prêt. Le cheval caracole toujours, je l'appelle et tente de l'attraper afin de lui passer une bride et de le mettre à l'abri.

LES FLEURS

Elles sont minuscules. Les seules fleurs que j'aie jamais vues dans le désert se trouvent dans la Vallée de la Mort. Les miennes sont toutes petites et poussent dans des sortes de cratères, mais pas dans l'image que je viens juste d'imaginer, pas dans le même cadre. J'ai conscience de leur présence parce que je les ai recherchées et vues de mes propres yeux. Mais elles n'ont pas la taille des tournesols. Elles sont vraiment toutes petites, mais très jolies.

COMMENTAIRES

Le Cube vous représente.

Oh, alors comme ça, je suis quelqu'un de très carré ? J'aurais préféré une ellipse ou quelque chose d'autre…

Un activiste indien, pour qui le cercle de la Vie est un symbole capital, voyait le Cube comme une forme étrangère, envahissante, presque agressive – et non comme une représentation de sa personne.

Je compatis. Surtout qu'à mon avis, il a raison. Les hypercubes, tout ça... c'est très en vogue en ce moment dans le domaine de la physique, c'est pourquoi je n'ai pas soulevé d'objections aussi catégoriques mais je dirais tout de même que je ne me reconnais pas dans ce Cube. Il est trop carré.

Il est pourtant transparent. Et il flotte, ce qui évoque le monde des idées et de l'intellect.

Certes !

L'échelle symbolise vos amis.

Vraiment ? C'est parfait. Ils me font redescendre sur terre. Mais, plutôt que des amis, je pense que l'échelle représente la femme avec qui je vis. Pour moi, rien de tel qu'une compagne pour garder le sens des réalités.

Vous anticipez : c'est le cheval qui représente votre compagne.

Oh, d'accord ! Et, bien sûr, le cheval est sur la terre ferme ! Si l'échelle – mes amis – me mène au cheval, c'est exact d'un point de vue historique parce qu'en effet, j'ai rencontré Katherine par l'intermédiaire de mes étudiants. La question est maintenant de savoir si l'échelle joue toujours ce rôle, si elle est encore utile et à quel point. Je dirais que oui car, à mon avis, Katherine – le cheval – aurait beaucoup de mal à exister par elle-même. Il faut que l'échelle et le cheval s'entendent bien d'une manière ou d'une autre pour parvenir au Cube. Tous deux ont les pieds sur terre et, grâce à eux, le Cube aussi. C'est charmant.

Pourquoi un cheval noir ?

Parce que j'ai eu le plus merveilleux cheval noir qui puisse exister. Lorsque j'étais lycéen, j'en avais un que je dressais. Il s'appelait Blackie, il était absolument fantastique, et en partie arabe. J'adore cette race et j'en ai monté beaucoup. C'était des alezans pour la plupart. C'est pour cela que j'ai d'abord répondu marron puis noir en pensant à Blackie.

Est-ce une couleur qui convient à Katherine ?

Eh bien ! Elle n'a rien d'une brune ordinaire. Le noir lui sied à merveille, mais elle aime aussi les couleurs vives. Il faudrait donc lui mettre une couverture colorée sur le dos. *[Rires]* Et beaucoup de colifichets. Non, je pense que le noir se remarque davantage. Et elle a vraiment un physique remarquable.

> *La tempête représente les ennuis, et elle se tient à bonne distance ; les fleurs, quant à elles, sont les enfants.*

Vraiment ! Mes ennuis sont comme mes fleurs : tout petits à l'heure actuelle (j'ai cinq enfants et cinq petits-enfants). Mais tous sont loin, bien loin, de sorte que je n'ai pas à m'en préoccuper. Bien.

Je trouve ce jeu et vos commentaires épatants mais je me demande… je me demande s'il est bien raisonnable que vous mentionniez mon nom dans votre livre ! En ce moment, je me démène pour faire publier les résultats de mes recherches et, si mon nom se retrouve associé à une telle expérience, je risque d'avoir encore plus de mal à parvenir à mes fins !

Un autre scientifique, qui repousse les bornes de la pensée conventionnelle, a refusé à regret d'y figurer pour cette même raison !

Nous autres, scientifiques, nous sommes trop coincés. Pourquoi ne dirions-nous pas simplement ce qui nous gêne, nous pose problème, ou ce que nous encourrions comme sanction ? Enfin bref, c'est drôle, et ça a peut-être un sens. Dès que nous paraissons sortir du champ rationnel, nous nous attirons des remarques comme : « Ah ! Ce type a fait ça, par conséquent, ce n'est pas un scientifique ! »

Gloria Steinem

Féministe de la première heure, auteur de *La Révolution de l'intérieur.*

LE CUBE

J'ai l'impression qu'il flotte et qu'on peut voir au travers, même s'il est en équilibre sur un coin. Il laisse voir la ligne d'horizon derrière lui. Il se dresse au loin, à moins qu'il ne flotte – je n'en suis pas sûre –, pas franchement à l'écart mais à une certaine distance. Il est presque entièrement au-dessus de la ligne d'horizon. On voit celle-ci précisément à travers le coin inférieur. Je ne sais pas exactement de quel matériau il est composé. Il n'y a peut-être que le contour d'un Cube, comme dans un tableau de Magritte.

L'ÉCHELLE

Pour je ne sais quelle raison, elle refuse de prendre appui sur le Cube. Elle refuse catégoriquement mais elle n'est pas non plus posée par terre. Elle se trouve à droite du Cube, une extrémité plantée dans le sol, et elle s'incline légèrement en direction d'un point éloigné. Mais sans s'appuyer sur quoi que ce soit, si j'en crois ce que je vois. Elle est un peu plus grande que le Cube mais cela s'explique aussi parce qu'il est plus en retrait. C'est une échelle en bois, verte à mon avis. Un vert un peu démodé, comme celui-là. *[Elle montre du doigt les murs marbrés couleur vert mousse de son appartement.]*

LE CHEVAL

Il me semble qu'il se tient de l'autre côté du Cube. A droite, il y a l'échelle, à gauche le cheval, et ils sont tous les deux tournés vers le Cube. Sa robe mi-beige mi-blanc fait penser à un palomino et sa crinière, un peu plus foncée, ainsi que sa longue queue sont en bataille. Elles n'ont pas du tout été brossées. Le cheval est debout, face au Cube, mais j'ai l'impression que celui-ci se rapproche de moi et, du coup, que l'échelle et le cheval s'éloignent.

LA TEMPÊTE

Elle s'accompagne de pluies, pas de chutes de neige, et c'est le genre de tempête qui assombrit le ciel et éclate brusquement avant de se dissiper. Il pleut des cordes mais cela ne semble pas affecter les trois autres éléments. Il pleut, c'est tout.

LES FLEURS

Je les imagine plutôt au premier plan, plus près de moi que le Cube. C'est purement arbitraire mais c'est plus fort que moi, j'ai l'impression de les avoir juste sous le nez. On dirait qu'il y en a beaucoup mais je n'en vois qu'une partie : mon regard se porte donc au-delà, sur le désert. Elles sont rouges et violettes, un peu comme des anémones. Je ne peux les dénombrer avec précision, il se peut qu'il y en ait beaucoup mais elles forment une masse indistincte, comme un vaste parterre ou un champ. Elles m'entourent, je suis assise ou debout au milieu d'elles, les yeux tournés vers l'autre paysage. Leur taille n'a rien d'exceptionnel, je ne peux donc m'expliquer pourquoi je les trouve si grandes. Peut-être que je suis assise.

Le Cube vous représente.

Pour moi, il n'est pas anodin que je me décrive en quelque sorte comme transparente... Pour des raison positives comme négatives, d'ailleurs.

L'échelle ne s'appuie pas sur vous, c'est clair et net ! Et que dire de sa couleur verte ?

Elle monte vers le ciel, elle n'est pas posée par terre... Je me demande ce que signifie le fait qu'il n'y ait aucun contact entre ces éléments, ils sont tous séparés par du vide, encore que le cheval soit tourné vers le Cube.

Avez-vous déjà eu pour compagnon un homme peut-être mal soigné, à la chevelure hirsute ?

Non, et il est étrange que mon cheval soit un palomino parce que, physiquement, j'ai toujours eu un faible pour les hommes bruns, certainement pas pour les blonds. Je n'arrive pas à m'expliquer ce cheval, à moins qu'il ne faille y voir une tout autre signification. Après tout, j'ai passé l'âge d'avoir des amants !

Les fleurs pourraient-elles représenter celles que votre action a influencées, ces jeunes filles dont vous dites qu'elles vous impressionnent car, en tant que féministes, elles en savent autant que vous tout en étant deux fois plus jeunes ?

Tout ce que je sais, c'est que je m'imaginais les nourrissant. Et je ne vois qu'elles autour de moi. Elles dégagent un parfum merveilleux et nouveau, quelque chose d'inconnu. Comme des petits miracles.

Douglas Coupland

Auteur de *Generation X*, *Life After God*, et *Shampoo Planet*.

LE CUBE

Disons qu'il ressemble au monolithe de *2001, l'Odyssée de l'espace*, sauf qu'il n'a pas les mêmes proportions. Il ressemble davantage à un sucre noir. Il est lisse, sombre, homogène. Une boîte noire. Un peu comme si… comme si vous la posiez sur le sable… Peut-être parce que je viens de déménager, il a les dimensions d'un carton de déménagement. Ces cartons m'obsèdent, en ce moment !

L'ÉCHELLE

Je ne peux imaginer qu'une banale échelle en bois, à ceci près qu'elle peut s'allonger si on veut… comment dire… ah ! oui, une échelle coulissante. De sorte que, si vous voulez monter jusqu'au sommet de mon Cube, cela ne pose aucun problème.

Où se trouve-t-elle par rapport au Cube ?

Ils ne sont pas l'un contre l'autre mais disposés un peu comme des sculptures ou des pierres dans un jardin japonais. Pour aller de l'un à l'autre, il faut donc s'éloigner de quelques pas. L'échelle est couchée sur un côté, on dirait les barreaux d'un lit pour enfant.

LE CHEVAL

Un cheval !... Ce n'est pas franchement mon truc, plutôt celui de mon père. Disons... que c'est un alezan, avec une tache blanche sur la tête et, euh...

Difficile de l'imaginer ?

Oui, parce qu'enfin, qu'est-ce qu'il fabrique dans le désert ? Ça y est ! Il a trouvé quelques touffes d'herbe et il broute. Voilà, c'est ça.

A quel endroit ?

Encore une fois, on dirait des pierres dans un jardin. Jetez un coup d'œil sur une photo d'un des jardins de Kyoto, tous ces éléments sont disposés de manière similaire. Le Cube, l'échelle et le cheval ont la même relation spatiale. Tout est très bien conçu.

Hum... Cela paraît improbable mais il y a une véritable trombe tropicale ! En avez-vous déjà vu ? c'est un phénomène assez étrange. On dirait littéralement une colonne d'eau qui s'élève. La mer reste calme mais il y a ce pilier d'eau au beau milieu. C'est absolument magique. J'ai pu observer cela aux Bahamas. Maintenant, je me place mentalement parmi ces éléments. Il y a le cheval qui mange paisiblement, ces trombes d'eau au loin mais je pense qu'elles ne vont pas passer au-dessus de nous. En tout cas, elles créent une lumière vraiment étonnante. Et il y a quelques éclairs... non, tout d'un coup, c'est plus fort que moi, je pense au soleil. Ces nuages qui déversent des pluies torrentielles obscurcissent aussi le ciel par là-bas, mais je suppose que cela se passe à la fin de la journée, à cause de cette lumière dorée et magique, comme celle qui précède les couchers de soleil. J'en déduis donc que ma tempête se produit en fin de journée. Mais cela n'inquiète personne parce qu'elle éclate au loin.

Il y en a partout ! Il y a un endroit en Afrique où j'ai toujours voulu aller, c'est le désert du Namib. On y trouve beaucoup de plantes… Disons pour simplifier que c'est le royaume des marguerites, de l'oseille sauvage et des géraniums. Des millions et des millions de graines gisent dans le sol et, tous les six ou sept ans, les pluies d'Afrique équatoriale descendent jusque sur cette région, leur permettant ainsi de germer et de pousser. On voit alors des milliers d'hectares couverts de pâquerettes et d'autres fleurs.

Ainsi, d'un seul coup, le désert prend tout son sens. Ma tempête est semblable à celle qui a apporté l'eau et permis la pousse de toutes ces fleurs, voilà donc le rôle de mes trombes d'eau. N'est-ce pas un exemple étonnant de construction psychique ? D'abord, l'eau qui permet aux plantes de pousser, puis les plantes qui permettent au cheval de manger… J'essaie d'imaginer quelle place la boîte et l'échelle occupent dans ce schéma. J'ai toujours aimé le monolithe de *2001, l'Odyssée de l'espace*, parce qu'il n'y avait pas moyen d'y entrer. Elle renferme des mystères indicibles, elle signifie qu'au bout du compte, quelle que soit l'importance du savoir que vous pensez détenir, il restera toujours un mystère encore plus grand à découvrir.

Quant à l'échelle, je ne vois pas. Je ne pense pas en avoir jamais utilisé dans ma vie.

> *Peut-être est-ce la raison pour laquelle elle est couchée par terre ?*

Me connaissant, c'est probable. Mais s'il y avait du sable, je l'y enfoncerais pour la rendre plus intéressante d'un point de vue sculptural. En fait, c'est sûr, je la planterais dedans, juste pour lui donner ce côté « jardin rocailleux ». Comme ça, tout y est : les éclairs, les fleurs, les trombes d'eau et le Cube magique… et ce Cube m'appartient ! Ce n'est pas comme s'il était à quelqu'un d'autre. Je me sens très possessif envers lui. Pas avec l'échelle. Mais le Cube, lui, il est à moi, pas question de me l'enlever. A aucun prix. Le cheval ne m'appartient pas. Il est juste là. Un peu comme quand on croise quelqu'un : « Tiens, salut, ça va ? Très bien. » Et l'échelle, ma foi, on dirait que quelqu'un l'a laissée là. Voilà !

Et nous n'avons même pas commencé à décoder tout cela!

C'est vrai ! Je ne suis même pas sûr d'y tenir absolument!

COMMENTAIRES

Le Cube vous représente.

Non? Oh! [*Longs éclats de rire*]. Ma parole, ça fiche la chair de poule!... Que répondent les gens, en général?

Toutes sortes de choses.

Vraiment? Bien sûr, le Cube est noir et empli de mystère, et il ne vous sera révélé qu'une seule et unique fois! Les gens répondent que c'est un carton d'emballage, ou quelque chose de ce genre? C'est drôle. Parce que, moi, je ne peux le voir que d'une seule façon... le Cube ne peut être qu'une seule chose. Cela n'a rien d'arbitraire. Encore une fois, la raison pour laquelle je l'aime bien et que, pour moi, c'est ce Cube-là et pas un autre, c'est qu'il recèle un grand mystère qui sera un jour dévoilé. Ce n'est pas comme si vous n'alliez jamais le percer. Vous le ferez, mais seulement à une période de transition dans votre vie. Vous ne pouvez pas trouver la clé rien qu'en claquant des doigts. Vous ne pouvez pas le forcer. Il vous sera dévoilé, un point c'est tout.

L'échelle symbolise vos amis.

Combien de types d'échelles y a-t-il ? Une échelle est une échelle, pas vrai ? Je ne sais pas... Je trouve ma réaction plutôt passive...

Elle était d'abord couchée et, ensuite, vous vous êtes dit que vous alliez peut-être la planter debout dans le sable.

Pour la rendre plus intéressante. Mais, quand j'y pense... aïe ! *[sincèrement désolé]* Cela veut dire que ne suis pas assez sympa avec mes amis ! Oh non !... Admettons. Et les autres éléments, maintenant ?

Le cheval représente la personne aimée.

Ah, voilà qui est intéressant !

Le vôtre mène sa propre vie dans votre tableau. Il est affectueux mais ne se tient pas à côté du Cube, et vous ne le considérez pas comme vous appartenant.

Oui ! Et cette disposition dans l'espace n'est pas le fruit du hasard. Il ne fait aucun doute que les liens qui les unissent ont été mûrement réfléchis. Et la tempête, que représente-t-elle ?

Les ennuis, le défi, cette faculté qu'a la vie de bouleverser vos plans.

En ce qui me concerne, elle est reléguée au fin fond du paysage. Et, de plus, chaque fois qu'il m'arrive un pépin, je vois le bon côté des choses. La tempête, c'est une luminosité remarquable, c'est aussi des fleurs, et une scène théâtrale, c'est de l'architecture – comme cette colonne d'eau.

Les fleurs symbolisent les enfants, ou encore des idées, des projets.

Certainement des projets, à mon avis. En tout cas, pour le moment, parce que mon obsession de l'année, ce sont les idées et les projets. J'en ai des tonnes. C'est vraiment étonnant…

Elles pourraient aussi symboliser vos lecteurs.

Pas sûr. Tout ce que je sais, c'est que j'en ai à ne plus savoir qu'en faire, et dans tous les domaines. Alors, que répondent les gens en général ? Il me paraît tellement évident que ma vision est la seule envisageable, jusque dans les moindres détails. J'ai du mal ne serait-ce qu'à imaginer qu'on pourrait voir autre chose… Justement, trois amis viennent ici ce soir. Je ferai l'expérience avec eux. Je meurs d'impatience.

Judy Collins

Chanteuse/compositrice de *Wildflowers*, *Colors of the Day*, *Fires of Eden*. Également écrivain (*Trust Your Heart* et *Shameless*.)

LE CUBE

A l'intérieur du Cube, on distingue la ligne de crête d'une montagne, un piano, une page blanche, un superbe stylo Mont Blanc posé à côté avec lequel je peux écrire des vers, et un repas très léger : une assiette fleurie, comme en porcelaine de Limoges, avec dedans un petit pain et, à côté, un pot de miel et de la margarine de soja. *[Rires]* Le Cube est au beau milieu du paysage de sorte qu'en levant les yeux, vous voyez le sommet des montagnes, qu'autour de vous il y a le sable et, en face, le Cube avec tous ces éléments.

Est-il complètement transparent ?

Oui.

Volumineux ?

Oh ! de la taille d'une personne.

L'ÉCHELLE

Elle est appuyée contre le Cube. Elle est droite, en bois, et s'élève à la verticale. Elle fait entre 3 m et 5 m de haut.

Plus grande que le Cube ?

Oui.

Le bois est-il neuf ou ancien ?

Oh, il a pris la patine du temps. Il est ancien, il a une histoire. Il est vraiment très ancien.

LE CHEVAL

Il est entièrement blanc, d'une blancheur immaculée, et il se tient debout, la tête dressée. Le vent souffle et agite sa crinière, ainsi que sa queue. Il est de l'autre côté du Cube par rapport à l'échelle.

Il lui fait face ?

Non, ils sont parallèles, de sorte que le vent passe à travers l'échelle et le Cube tout en agitant la crinière du cheval.

LA TEMPÊTE

Oui, j'en vois une, une tornade. Y aurait-il donc un tourbillon ? Elle s'élève très haut dans le ciel, en spirales, et en s'élargissant depuis le sol, mais elle reste immobile, en haut à gauche de mon paysage. Elle crée… Elle doit soulever du sable parce qu'elle est colorée. Partant de presque rien, elle s'élargit de plus en plus, encore et encore. L'œil du cyclone se trouve au-dessus du coin à gauche mais il n'affecte en rien ce qui se passe ailleurs. C'est cette tempête qui est à l'origine du vent soufflant dans la crinière du cheval. Mais cela ne gêne en rien ni le Cube, ni l'échelle ni même le cheval.

Cela semble plutôt beau.

Ça l'est en effet.

LES FLEURS

Il y en a des blanches et aussi des violettes. L'ensemble est un mélange très parfumé d'orchidées mauves et de gardénias blancs. Ils forment un petit parterre à droite du Cube.

Le Cube vous représente.

Oh, mon Dieu !

Vous y avez mis tout ce que vous aimez. Il fait si bon y vivre.

En effet, on s'y sent vraiment très bien.

L'échelle représente vos amis.

De bons vieux amis, souvent mis à l'épreuve ! *[Rires]* Et qui ont vécu !

Ils collent parfaitement. Tout ce que vous avez dit sur leur signification colle parfaitement. L'amant correspondant au cheval blanc… Le cheval blanc est un animal spirituel, vous savez. Des quatre cavaliers de l'Apocalypse, c'est celui qui monte un cheval blanc qui symbolise la recherche spirituelle. Cela tombe bien parce que, pour moi, mon compagnon est aussi un partenaire spirituel. Tout est parfait. Quant à la tempête, eh bien ! vous voyez, je suis convaincue que nous rencontrons tous des problèmes mais qu'il faut savoir relativiser. Il est bon de savoir qu'ils sont là et qu'ils nous concernent, mais sans en faire systématiquement un drame.

Avez-vous des enfants ?

J'en ai eu un. Et j'ai un petit-fils. Il y a beaucoup d'enfants dans ma vie : mes nièces, mes neveux,... Oui, il y en a beaucoup.

Les fleurs peuvent aussi figurer quelque chose que vous nourrissez en vous. Un travail créatif, par exemple.

Oui, bien sûr. La créativité, voilà qui est judicieux. C'est une belle idée.

Willem Dafoe

Acteur (*Platoon*, *La Dernière Tentation du Christ*, *Mississippi Burning*).

LE CUBE

Des lignes noires marquent les arêtes et il est transparent. Il fait environ 8 cm de côté. On dirait un de ces faux glaçons en plastique transparent, vous voyez ? Il n'est pas à cent pour cent massif, on dirait qu'il y a un peu d'air à l'intérieur. Au départ, je le voyais très éloigné parce que j'envisageais le paysage dans son ensemble mais, maintenant que je le décris, je le sens tout proche.

L'ÉCHELLE

C'est un escabeau peint en jaune, avec une petite chaîne reliant les montants de chaque côté pour éviter qu'ils fassent le grand écart. Il est éclaboussé de peinture et très proche du Cube. Il est en bois avec quelques éléments métalliques.

LE CHEVAL

Il est loin. c'est un alezan avec des taches blanches sur les jambes, une crinière et une queue noires. Très musclé. Je ne m'y connais pas très bien en chevaux mais on dirait un cheval sauvage… une sorte de mustang. Il galope en suivant la ligne d'horizon. Sur le plan visuel, cette perspective est plutôt étrange parce qu'il galope en suivant la ligne d'horizon mais sans être à l'horizon. Vous voyez ce que je veux dire ?

Sa silhouette se détache sur l'horizon ?

Voilà.

LA TEMPÊTE

Elle est bien loin de cette scène. A mieux y regarder, elle se trouve sur la gauche. C'est en fait vers elle que le cheval se dirige. Je vois des nuages noirs ainsi qu'une petite éclaircie entre eux et l'horizon, mais ce sont de gros nuages, très sombres et ils remplissent presque le tableau… En fait, je ne peux m'empêcher de penser que cette image ressemble à un tableau dans lequel les nuages remplissent vraiment tout l'espace jusqu'au bord supérieur du cadre.

LES FLEURS

Au premier plan, je distingue un sol vert stérile, inégal, quelques pauvres brins d'herbe et des petites marguerites au cœur noir. Le Cube occupe une position centrale, à mi-chemin – non, environ dans le premier quart de mon champ visuel. Ensuite vient le cheval, dans le troisième quart, puis la tempête, loin derrière, et là, sous mes yeux, les fleurs, comme si je n'avais qu'à avancer de quelques mètres pour les cueillir.

COMMENTAIRES

Le Cube vous représente.

C'est plutôt rassurant. A en juger par ma description, je trouve que je suis quelqu'un de très sain.

> *Disons que vous êtes terre à terre, franc, bien… délimité !* [Il rit] *Mais un faux glaçon donne seulement* l'impression *d'être rafraîchissant…*

[L'escabeau, c'est-à-dire la double échelle, peut refléter la double vie de Willem. Depuis dix-sept ans – avant donc même d'avoir entamé une carrière cinématographique –, il fait partie du Wooster Group, une compagnie de théâtre d'avant-garde à New York. Il est marié au metteur en scène du groupe, Elizabeth LeCompte, dont il a un fils, Jack, âgé de douze ans. Il compte donc des amis dans deux milieux différents et la chaîne qui réunit les deux montants de son escabeau renvoie peut-être à la disponibilité dont il doit faire preuve pour rester en contact avec les uns et les autres.]

La tempête symbolise-t-elle l'énergie ?

Non, les ennuis, mais elle revêt aussi un aspect positif. Elle est souvent source d'énergie. « Défi » serait peut-être le mot approprié.

Et le cheval fonce vers la tempête, je vois !

Il est clair que votre cheval mène sa propre vie.

Exact.

Votre épouse ne vit pas dans votre ombre, elle a une activité intense… et elle ne craint pas les défis.

C'est elle tout craché. Bonne interprétation. Génial, votre Cube !

Cinquième partie

Le Vocubulaire

Imaginer un Cube (ainsi qu'une échelle, un cheval, une tempête et des fleurs) était un jeu d'enfant, mais interpréter ces éléments, voilà qui vous aura peut-être donné du fil à retordre. Décoder les images mystérieuses nées de l'imagination est un art qui ne s'improvise pas. Les soufis lui donnent un nom : *tasvir*.

« Alors, qu'est-ce qu'il signifie ? » demandent parfois les gens à la fin du jeu. La bonne réponse à cette question est : « A vous de me le dire. » Mais elle n'est pas très satisfaisante. Les dictionnaires du rêve (ces petits livres qui affirment, par exemple, que, si vous rêvez d'un poisson, vous allez bientôt vous marier) ont généralement faux sur toute la ligne ; ils n'en sont pas moins très populaires. De même, nous ne refuserions pas un petit coup de pouce pour mettre en pratique notre *tasvir* personnel.

A défaut de pouvoir vous assurer du sens de votre Cube, nous pouvons vous indiquer celui qu'ont pris divers autres (accompagnés de leur échelle, de leur cheval, de leur tempête et de leurs fleurs) pour des centaines de personnes. Le résultat a pris la forme de ce « Vocubulaire », un compromis qui respecte l'individualité absolue de chaque Cube tout en s'inspirant, ici et là, des dictionnaires du rêve.

COMMENT UTILISER LE VOCUBULAIRE

Vous trouverez ici la liste d'une foule de qualités (classées par rubriques) pouvant s'appliquer à un Cube, une échelle, un cheval, une tempête et des fleurs. Cherchez-y les principales caractéristiques de vos cinq éléments : taille, matière, couleur, position, distance... (Si votre Cube est unique au point que vous ne puissiez trouver votre bonheur dans cette liste, voyez ce qui s'en rapproche le plus.) A chaque trait correspondra un ensemble de significations possibles, tirées de notre expérience. N'y voyez pas un verdict définitif mais un début de réponse pour mieux percer le secret de votre Cube.

L'une de ces significations vous semble-t-elle juste ? Notez bien qu'elles peuvent être contradictoires : un Cube posé sur une arête peut ainsi être « en équilibre » ou « bancal ». Plusieurs personnes – ou même une seule – n'offrent pas forcément une interprétation unique d'une même image.

Certaines interprétations vous guident-elles dans la bonne direction, en touchant presque à la vérité ? Dans le cas contraire, faites confiance à votre intuition. Inutile d'essayer à tout prix de faire entrer votre Cube dans une grille de lecture inadaptée. Le Vocubulaire ne prétend pas couvrir toute la gamme des Cubes possibles et imaginables ; il ne saurait être exhaustif car il existe un nombre infini de cas. Envisagez ce jeu comme une œuvre en constante évolution à laquelle vous contribuez. Testez l'une des techniques suivantes pour trouver votre vérité :

- Demandez à vos amis, votre compagne, vos parents… ce qu'eux voient derrière votre création. Vos proches peuvent souvent apporter des pièces manquantes au puzzle.
- Osez toutes les associations. Tout ce qui vous passe par la tête au sujet du Cube, si improbable que cela puisse paraître, constitue un indice capital quant au sens que prend pour vous cette image. Suivez la piste !
- Jouez des adjectifs. Si, par exemple, votre Cube est en métal, diriez-vous que ce métal est « dur,

brillant, qu'il renvoie la lumière, qu'il est raffiné, décoratif… » ? N'oubliez pas qu'il s'agit de vous.

- Envisagez l'éventualité d'un calembour ou d'un jeu de mots. L'imagination a le sens de l'humour : un cheval ailé représente souvent la magie ou la pureté, mais nous avons eu le cas d'un homme qui était tout simplement amoureux d'une hôtesse de l'air ! Une femme se demandait pourquoi son échelle était en acier alors que toutes les autres personnes de sa famille imaginaient de vieilles échelles en bois sympathiques. Elle s'est ensuite rappelé que le nom de famille de sa meilleure amie était Dacier.
- Ne négligez pas le langage du corps. Éprouvez la position et la matière de votre Cube de l'intérieur, par kinesthésie. Quelles images vous viennent à l'esprit ? Un Cube en équilibre sur une arête peut vous donner l'impression d'être un enfant casse-cou – ou d'avoir le pas sûr d'un chat sur une barrière. Un autre, posé sur l'un de ses angles, vous évoquera un danseur. Pointe-t-il un coin vers l'avant ? Vous y verrez peut-être la

proue d'un navire fendant les vagues. Essayez aussi de ressentir les qualités physiques, la proximité ou l'éloignement de votre échelle, de votre cheval, etc.

- Respectez le mystère. Souvenez-vous que toute image est bien plus que la somme de ses interprétations. Peu importe les divers aperçus que vous obtenez de votre Cube, il reste intact, tel un mystérieux compagnon, reflet silencieux de votre vie.

Le Cube

SI VOTRE CUBE EST... VOUS ÊTES...

POSITION PAR RAPPORT À L'HORIZON

A CHEVAL SUR L'HORIZON

visionnaire et pragmatique
sensuel tout en étant attaché aux valeurs spirituelles
capable de concrétiser une idée/un idéal

AU-DESSUS DE L'HORIZON

idéaliste
intellectuel
attaché aux valeurs spirituelles
rêveur

SOUS L'HORIZON

pragmatique
matérialiste
terre à terre
sensuel

POSITION PAR RAPPORT AU SOL

DANS UN TROU

réfléchi
introverti
à l'écoute de l'inconscient
non-conformiste
déprimé

ENFOUI DANS LE SABLE

enraciné
têtu
conservateur
borné

ENTERRÉ PARTIELLEMENT

discret
à l'affût
hypocrite
qui a de fortes attaches
submergé

SUR LE SABLE

terre à terre
pragmatique
doué de bon sens
réaliste
concret

DISTANCE

A MI-DISTANCE

pris entre deux extrêmes

ÉLOIGNÉ

jaloux de votre « espace vital »
indépendant
prévoyant
porté à relativiser
abstrait

PROCHE

à l'aise dans l'intimité
de nature sociable
attaché aux valeurs familiales
impulsif
ancré dans le présent
réaliste

POINT D'APPUI

ARÊTE POINTÉE VERS L'AVANT

agressif
autoritaire
énergique
doué pour l'action
doté d'une double personnalité (deux côtés du Cube sont visibles)

EN ÉQUILIBRE SUR UN COIN

original
exceptionnel
non-conventionnel
ennuyeux
attaché aux valeurs spirituelles
posé
équilibré
égocentrique
prêt à prendre son envol
semblable au diamant

EN ÉQUILIBRE SUR UNE ARÊTE

en exil
voyageur
de passage
entre deux mondes
indécis
à cran
aux choix judicieux
précis
équilibré
instable
casse-cou
tranchant

IMMOBILITÉ/ MOUVEMENT

EN ROTATION SUR LUI-MÊME

passionné
affairé
très énergique
évasif

FLOTTE DANS L'AIR

optimiste
idéaliste
attaché aux valeurs spirituelles
fasciné par les mondes imaginaires
dénué de sens pratique
« au-dessus de tout »

PLANE À PROXIMITÉ

hésitant
neutre
réaliste mais ouvert à toute proposition

Tourne

lunatique
aux multiples facettes
actif

Roule/dégringole

désimpliqué
versatile
sans attaches
nomade
inquisiteur

Couleur

Arc-en-ciel

aux talents variés
tolérant
optimiste
enfantin

Bleu

serein
calme
attaché aux valeurs spirituelles
électrique
loyal
distant
froid
triste

Gris

subtil
lassé
conservateur
neutre
juste, équitable
ambivalent
concret

Jaune vif

gai
optimiste
d'une bonne humeur contagieuse

Marron

direct
chaleureux
sérieux
studieux

Multicolore

aux talents variés
pluriethnique
flexible
lunatique

Noir

élégant
austère
mystérieux
prudent
réservé
attiré par le côté obscur des choses

Rouge

chaleureux
colérique
passionné
courageux
agressif
révolutionnaire

Vert

plein d'espoirs
optimiste
en perpétuel renouvellement
amoureux de la nature
soucieux de l'environnement
riche

VIOLET

royal
aux goûts de luxe
dépensier
pensif
tempéré
excessif
romantique
sage

Jeu avec la lumière

BRILLANT

intelligent
fascinant
fonceur
très compétent

OPAQUE

secret
jaloux de sa tranquillité
énigmatique

REFLET

le reflet d'autrui
réaliste
attiré par l'aspect visuel des choses

RENVOIE LE SOLEIL

ambitieux
qui prend exemple sur quelqu'un
religieux

TRANSLUCIDE

réfléchi
méditatif
perméable à toute suggestion
sélectif
énigmatique
séduisant

TRANSPARENT

franc
incapable d'hypocrisie
sans fard
observateur
objectif

Taille

ÉNORME

sûr de vous
égoïste
dominateur
éblouissant
généreux

GROS

sûr de vous
compétent
aux qualités prometteuses
égoïste

GROS COMME LA MAIN

soucieux de votre intimité
affectueux
confiant
pragmatique

MINUSCULE

concentré
décidé
caché
précieux

PETIT

timide
discret
extraverti
aux attentes réalistes

MATIÈRE

AIR

ouvert
vulnérable
effacé
subtil

ARMATURE MÉTALLIQUE (ALLIÉE AU VERRE, AU TISSU, ETC.)

au caractère bien trempé

CAOUTCHOUC

dur sans être rigide
résistant
plein d'aplomb
souple
drôle

CONFITURE (VOIR NOURRITURE)

vulnérable
craintif
tendre
une vraie nourrice
drôle

CREUX

homme/femme d'envergure
réceptif
enjoué
objectif
protecteur

CRISTAL

visionnaire
attaché aux valeurs spirituelles
pur
lucide

DIAMANT

brillant
précieux
rare
lucide
étincelant
tranchant
ferme, inflexible
inébranlable
aux multiples facettes

DIFFÉRENT DE CHAQUE CÔTÉ

doté d'une riche personnalité
complexe
capable de s'adapter
versatile
conscient de soi-même

EAU

émotif
mystique
coulant, accommodant
sensible
aux qualités prometteuses
à l'écoute de l'inconscient

ÉPONGE

curieux
avide de connaissances
très influençable

FORMICA

ordonné
joyeux
capable de repartir de zéro
ambitieux

GLACE (ÉTERNELLE)

d'un sang-froid à toute épreuve
plein de ressources
intrépide
raisonnable

GLACE (FONDANTE)

vulnérable
calme
agréable
amoureux

MÉTAL (CREUX À L'INTÉRIEUR)

soucieux de vous préserver
dur à cuire
cynique
aventureux

MÉTAL (MASSIF)

endurci par une pression extérieure
important
introverti
impénétrable
mélancolique

MASSIF

important
à l'abri
constant
honnête
peu porté à l'introspection
d'un naturel refoulé

MATIÈRE ORIGINALE (RÉSINE AMBRÉE, D'ORIGINE EXTRATERRESTRE, TISSU RIGIDE...)

excentrique
solitaire
différent
autodidacte
conscient de soi-même

NOURRITURE (FROMAGE, CONFITURE, PAIN, ETC.)

nourricier
généreux
dévoré par les autres
sensuel, bon vivant

NUAGE

au centre du monde
rêveur
imaginatif
pur

OR

précieux
important
raffiné
loyal, fidèle
désirable
riche

PAPIER

vulnérable
prisonnier d'un personnage
espiègle
bluffeur (si le Cube est gros)

PIERRE (BRUTE)

naturel
honnête, franc
maladroit
fruste

PIERRE (POLIE)

doux
raffiné
ambitieux

PLASTIQUE

issu du milieu ouvrier
sans prétentions, et fier de l'être
le « sel de la terre »

PLEXIGLAS (VOIR AUSSI VERRE ET PLASTIQUE)

plein de ressources
protégé par un bouclier invisible

ROCHE (DES BLOCS)

riche de nombreuses expériences
en évolution
autodidacte

ROCHE (UNE SEULE)

une force de la nature
imperturbable
ferme
peu influençable
têtu
d'un seul bloc
patient
résigné

TISSU

malléable
homme/femme d'intérieur
convivial
cultivé
soumis à diverses influences

VERRE

perspicace
franc
incapable d'artifice
réaliste
fragile

VERRE COLORÉ

imaginatif
romantique
poétique
qui voit ce qu'il veut voir

VERRE INCASSABLE

plus dur qu'on ne croit

VERRE (SERRE, SOLARIUM)

introverti
qui fait étalage de sa vie intérieure
protecteur
possessif

VERRE TEINTÉ, VITRAIL (VOIR AUSSI VERRE COLORÉ)

attaché aux valeurs spirituelles
religieux
manuel
nostalgique
artiste

Quelques Cubes particuliers

Boîte à malice

drôle
étonnant
d'un naturel secret

Cube simplement délimité (par des lignes sur les arêtes)

d'un caractère bien défini
intransigeant

Dé

parieur
tête brûlée
chanceux

Deux Cubes

victime d'un dédoublement de la personnalité
malade physiquement

Hologramme

évasif
désincarné
spéculateur
futuriste

Maison

une vraie nourrice
pragmatique
homme/femme d'intérieur
conscient des problèmes sociaux
employé dans l'immobilier

Oasis

hospitalier
nourricier
accueillant
bon vivant

Pyramide

attiré par le pouvoir (temporel et spirituel)
mystérieux
d'un naturel secret (Cube à demi enfoui)

Rubik's Cube

complexe
flexible
capable de s'adapter
astucieux
amateur de défis
stimulé par la difficulté

L'échelle

(Remarque : pour les couleurs, nous vous renvoyons à la rubrique correspondante du Cube.)

SI VOTRE ÉCHELLE EST... VOS AMIS SONT...

MATIÈRE

ACIER

totalement dignes de confiance
endurcis
imperturbables
directs
sobres
pragmatiques
simples

ALUMINIUM

un bon soutien
des collègues
terre à terre
matérialistes
à la page
dignes de confiance
solides, sans en avoir l'air
tout sauf un fardeau

BALSA

vos propres pensées
présents quand tout va bien
jamais là quand il faut
vos anges gardiens (imaginaires/spirituels)

BOIS (ANCIEN) ✗

de longue date
de vieilles connaissances
plus âgés que vous

BOIS (NEUF)

de fraîche date

BOIS (TRAVAILLÉ)

cultivés
instruits
soucieux des apparences
aristocratiques
riches
snobs

BRANCHES

naturels
épris de la vie au grand air
aux traits grossiers
membres de votre famille
déracinés
morts

CUIR

naturels, simples
athlétiques
décontractés
proches de la nature
francs
forts sans être inflexibles

ÉCHELLE DE CORDE

accommodants
dépendants
très proches de vous
d'un grand soutien
voyageurs

FER

de vrais « poids lourds »
forts
francs
loyaux
non instruits
sérieux, austères

FER FORGÉ

cultivés
créatifs
artistes
autodidactes

MATIÈRE DIFFÉRENTE DE CELLE DU CUBE

différents de vous

OR

inestimables à vos yeux
loyaux

PAIN

qui vous apportent beaucoup
des compagnons de table

LES BARREAUX

CERTAINS MANQUENT

vous avez perdu des proches

EN GRAND NOMBRE

vous avez beaucoup d'amis

QUELQUES-UNS SEULEMENT

vous avez peu d'amis

POSITION PAR RAPPORT AU CUBE

A LA FOIS À L'INTÉRIEUR ET À L'EXTÉRIEUR DU CUBE

de deux sortes : les très bons amis et les simples copains.

A L'INTÉRIEUR DU CUBE

des amis de cœur
des confidents
des intimes
sous votre protection
couvés par vous de manière possessive

Appuyée contre le Cube

dépendants de vous
un soutien
proches de vous
en contact avec vous

Donne accès à l'entrée du Cube

capables de deviner vos sentiments
vos confidents
vous aident à mieux vous connaître
vous touchent

Donne accès au sommet du Cube

vous poussent à donner le meilleur de vous-même

Éloignée du Cube

de simples connaissances
loin de vous
des amis occasionnels
peu importants à vos yeux

Encastrée dans un côté du Cube

vos frères et sœurs
des membres de votre famille, ou tout comme

Flottant au-dessus du Cube

toujours dans votre sillage
protecteurs

Reliant le Cube au sol

nécessaires pour que vous gardiez les pieds sur terre
vous rappellent au sens des réalités
votre point d'ancrage

Soutenant le Cube au-dessus du sol

d'un soutien sans faille
d'une importance vitale

Taille

Même taille que le Cube

vos égaux

Plus grande que le Cube

des exemples pour vous
des objets d'admiration

Plus petite que le Cube

vos subalternes

Position par rapport au sol

Couchée par terre

détendus
simples
des compagnons de loisirs
fatigués
de peu d'utilité (sauf en cas d'urgence)
fauchés
bons à rien
malades
morts

PLANTÉE DANS LE SABLE

établis quelque part
d'une loyauté à toute épreuve
aux opinions bien arrêtées
d'un soutien sans faille

S'ENFONCE DANS LE SOL

attachés à découvrir le fond des choses
d'une aide précieuse pour vous comprendre vous-même
férus de mystères
attirés par les bas-fonds
rabat-joie
vous mènent droit en enfer !

POSITION DANS LE CIEL

DESCEND DU CIEL

des personnages haut placés (ou Dieu)
issus d'un milieu différent du vôtre
influents
spirituellement riches
susceptibles de favoriser votre ascension

FLOTTANT

rêveurs
à la dérive
intellectuels
philosophes
artistes
estimés pour leurs opinions
peu pragmatiques

ISOLÉE, EN DIAGONALE

ont un point de vue très personnel sur les choses
impatients (si l'échelle est orientée vers l'horizon)
non-conformistes

ISOLÉE, À LA VERTICALE

indépendants
respectent votre intimité
ambitieux
droits, intègres
respectés

MONTE JUSQU'AU CIEL

des personnages haut placés (ou Dieu)
de bon conseil
une aide précieuse pour parvenir à vos fins

Quelques échelles particulières

Cassée

traîtres
faux frères
assaillis de problèmes
plus du tout en contact avec vous

Coulissante (comme la grande échelle des pompiers)

toujours plus nombreux
pleins de ressources
toujours prêts à vous venir en aide
vos sauveurs

Échelle de bibliothèque

férus de lecture
des guides vers le savoir
des écrivains, des professeurs
instruits
cultivés
raffinés
de grands voyageurs

Éclaboussée de peinture

des collègues débordant d'idées
pleins d'expérience

Pliante, articulée (pouvant prendre plusieurs positions)

intelligents
lunatiques
capables de s'adapter à toutes les situations
ingénieux

Échelle « dangereuse » (échelons en lame de rasoir, en flamme, couverts de piquants, etc.)

à prendre avec des pincettes

Échelle du plongeoir à la piscine

des camarades de jeux
les complices de vos sorties
un moyen de vous détendre
les guides de vos envies

En équilibre instable

peu fiables
en mauvaise forme
malades ou vieillissants

EN SPIRALE

toujours de passage
instables
d'un soutien épisodique

ESCABEAU (REPLIÉ)

présents lorsque vous avez besoin d'eux
qui ne donnent pas toute leur mesure

ESCABEAU (OUVERT)

stables
sûrs
dignes de confiance
indépendants
partagés entre deux milieux
qui ne comptent que sur eux-mêmes
en couple

Le cheval

SI VOTRE CHEVAL EST... VOTRE PARTENAIRE EST...

RACE, TYPE DE MONTURE

ALEZAN

chaleureux
franc
sensuel
simple, sans prétentions
brun
afro-américain
hispanique

APPALOOSA (ORIGINAIRE DE L'OUEST DES ÉTATS-UNIS)

américain
décontracté

ARABE

nerveux
aristocratique
élégant
sensible
irritable
fier

BLANC

idéalisé
idéaliste
un rêve
à cheval sur les principes
bon

ÉTALON

audacieux
autoritaire
aventureux
dominateur
protecteur
fier

JUMENT

un papa/une mère poule
doux
patient
fécond
tenace
capricieux

MUSTANG

sauvage
rude
indépendant
rebelle
bagarreur
indomptable

NOIR ✗

mystérieux
romantique
puissant
grincheux
un bon amant
brun

PALOMINO

juste
blond
un copain
votre idéal

PERCHERON

un bourreau de travail
grand
costaud
influent

PIE

amical
lunatique
maussade
artiste
suscite des sentiments mitigés

PONEY

petit
mignon
enfantin
affectueux

PUR-SANG ✗

bien élevé
compétitif
un fonceur
un vrai canon

ATTITUDE

AFFAMÉ, ASSOIFFÉ

jamais satisfait

AU PAS

calme
décontracté
peu pressé
déterminé

CARACOLE

fier
fougueux
enthousiaste
énergique
affecté
maniéré

COUCHÉ

détendu
à l'abri
à la maison
paresseux
malade
bien décidé à ne pas bouger

DEBOUT

calme
patient
content de soi
à cheval sur les principes
engagé
tire-au-flanc

EN FUITE

rompt avec vous
indigne de votre confiance
libre, sans engagement

GALOPE

occupé
actif
énergique
préoccupé
athlétique

MORT

décédé
n'est plus aimé

NERVEUX

sensible
tendu
capricieux
très émotif

PERDU

désemparé
séparé de vous

TÊTE BAISSÉE

détendu
satisfait à ses besoins
rumine
s'arme de courage contre les ennuis
déprimé

TROTTE

déterminé
décidé
courtois
bien organisé

POSITION/ATTITUDE PAR RAPPORT AU CUBE

A CÔTÉ DU CUBE

votre égal
loyal
proche de vous

A L'INTÉRIEUR DU CUBE

adoré
guide votre épanouissement personnel
couvé
maintenu jalousement sous votre coupe

AU SOMMET DU CUBE

dominateur
honoré
sur un piédestal
à vous seul

DEBOUT AU-DESSUS D'UN PETIT CUBE

dominateur
qui délimite votre cadre de vie

DERRIÈRE LE CUBE

un soutien
exclu de vos priorités
agit dans l'ombre
placé sous votre aile
caché derrière vous
en retrait
« dépassé (travail, âge...)
rétrograde

ÉLOIGNÉ DU CUBE

éloigné géographiquement
indifférent
très indépendant
vit dans son monde à lui
insignifiant à vos yeux
sur le point de sortir de votre vie

ENCERCLE LE CUBE

qui vit par et pour vous

LÈCHE LE CUBE

entretenu (par vous)
démonstratif
embrasse bien
fait bien l'amour

PROCHE DU CUBE

proche de vous
loyal
sérieux

SOUS LE CUBE (UN CUBE IMPOSANT OU EN ÉQUILIBRE SUR UN ANGLE)

dominé
effacé derrière vous
sous votre aile
un vrai pot de colle

ATTITUDE/POSITION PAR RAPPORT AUX AUTRES ÉLÉMENTS

DESCEND L'ÉCHELLE

baisse dans votre estime
n'est plus idéalisé

EFFRAYÉ PAR LA TEMPÊTE

très émotif
anxieux
assailli de problèmes

GRIMPE À L'ÉCHELLE

monte dans votre estime
ambitieux
en progrès sur le plan spirituel

OBSERVE LA TEMPÊTE

anxieux
vigilant, protecteur

PRÈS DE L'ÉCHELLE

votre meilleur ami
un ami plus qu'un amant
proche de vos amis

QUELQUES CAS PARTICULIERS

ATTACHÉ

marié (a littéralement « la corde au cou »)
engagé
pas libre

AUCUN CHEVAL

négligé par vous
parti
tenu à l'écart par votre âme solitaire

BRIDÉ / SELLÉ (AVEC MAGNIFICENCE)

romantique
exotique
aventureux
courtois
défenseur d'une noble cause
royal
riche

BRIDÉ / SELLÉ (SANS OSTENTATION)

marié
a le sens des responsabilités
travailleur
docile

CHAMEAU

patient
digne de confiance
marié depuis longtemps
capable de porter plusieurs fardeaux

CHEVAL À BASCULE

distrayant
votre chose
un jouet entre vos mains
insignifiant à vos yeux

CHEVAL DE TROIE

enceinte
infidèle
volage
traître
encombré d'une famille envahissante !

CHEVAUCHÉ (PAR UN AUTRE)

raisonnable, mesuré
décidé
travailleur
engagé dans une autre relation

CHEVAUCHÉ (PAR VOUS)

votre époux (se)
un soutien pour vous
un compagnon très proche
quelqu'un qui vous emmène là où vous voulez aller

DEUX CHEVAUX (OU PLUS)

doté d'une double personnalité
aux multiples facettes
lunatique
plusieurs partenaires

EMPREINTES DE SABOTS

un souvenir

LICORNE

charmant
un ascète
timide
pur
innocent
attaché aux valeurs spirituelles
merveilleux

PÉGASE

un nouvel amour
idéalisé
idéaliste
admiré, pris comme exemple
attaché aux valeurs spirituelles
intellectuel
enchanteur
vous élève
vous « transporte »

SANS LA MOINDRE ENTRAVE

libre
aimé sexuellement

La tempête

SI VOTRE TEMPÊTE EST... VOS PROBLÈMES SONT...

TYPE DE TEMPÊTE

DÉLUGE

une crise émotionnelle
la cause de bien des larmes
démoralisants
déprimants
un mal nécessaire
porteurs de leçons

ÉCLAIRS, ÉLECTRICITÉ

un scandale
stimulants
un coup de fouet
une illumination
une expérience instructive

NUAGES NOIRS

menaçants mais pas concrétisés

ORAGE

des querelles
beaucoup de bruit pour rien
un danger
un bruit qui court

PLUIE ACIDE

des ennuis tenaces

SPECTACLE DE TOUTE BEAUTÉ

un défi
une source d'inspiration
c'est la vie !

TEMPÊTE DE SABLE

aveuglants, déroutants
exaspérants
bouleversent votre vie
une crise financière ou matérielle

TORNADE

violents
destructeurs
ciblés, intenses

VENT

une crise spirituelle
une source de stress
chamboulent le train-train quotidien
porteurs de chaos
signes de changements
stimulants
régénérateurs

POSITION

A L'HORIZON

attendus à long terme
les ennuis des autres
l'actualité au journal télévisé

AU-DESSUS DU CUBE

présents ici et maintenant
liés à votre enfance
gardés secrets
ne concernent que vous

DÉJÀ PASSÉE

survenus antérieurement
le pire est derrière vous

DE PLUS EN PLUS LOINTAINE

terminés, du moins pour l'instant

DE PLUS EN PLUS PROCHE

pas encore là
prévisibles à court terme

DERRIÈRE LE CUBE

révolus
ignorés de vous

ÉLOIGNÉE

minimes
sans conséquence

HORS DE VUE

absents de votre vie pour le moment
niés

LOCALISÉE

confinés dans un coin de votre vie
gérables
intermittents

ACTION SUR LES DIFFÉRENTS ÉLÉMENTS

EFFRAIE LE CHEVAL

un choc pour votre partenaire

EMPORTE LE CUBE AU LOIN

dévastateurs
une grosse déception
un échec
une perte
une maladie
une forte conscience de votre mortalité

EMPORTE L'ÉCHELLE

lourds de conséquences pour vos amis

ENTERRE LE CUBE

accablants
sources de changements
humiliants
riches d'enseignements

ENTERRE LE CHEVAL

un coup de massue pour votre partenaire

Les fleurs

SI VOS FLEURS SONT… VOS ENFANTS SONT…

TYPE DE FLEURS

BOUQUET

- proches les uns des autres
- ont une faible différence d'âge
- présents offerts à/par votre partenaire

COULEURS VIVES

- brillants
- la prunelle de vos yeux
- un centre d'attention
- sources de joie

COUPÉES

- adoptés
- vos beaux-enfants
- adultes, partis vivre ailleurs

FLEURS DE CACTUS

- une montagne de soucis
- sources d'autant de joies
- robustes

GUIRLANDE PASSÉE AU COL DU CHEVAL

- la fierté, la joie de votre partenaire

MARGUERITES

- innocents
- naturels
- la fraîcheur même
- blonds

MORTES

- préoccupés, tourmentés
- brouillés avec vous
- sans intérêt à vos yeux
- morts (ou avortement)
- adultes, indépendants

NÉNUPHARS

- attirés par l'inconscient
- proches de leur mère
- purs

PARTERRE/CHAMP DE FLEURS

- nombreux autour de vous
- l'œuvre de votre vie
- les enfants d'autres personnes

PETITES

jeunes
foulés au pied
vos chouchous (y compris vos animaux domestiques)
les enfants des autres
peu présents dans votre vie

ROSES

aimés passionnément
nés d'un amour passionné

SAUVAGES

indépendants
livrés à eux-mêmes

POSITION PAR RAPPORT AU CUBE

A L'INTÉRIEUR DU CUBE

désirés
au stade embryonnaire
jeunes
dépendants
chéris
surprotégés
couvés
une partie de vous-même

DERRIÈRE LE CUBE

sous votre protection
des disciples, des étudiants
adultes, partis faire leur vie

LOIN DU CUBE

les enfants des autres
absents de votre vie
établis loin de vous

PRÈS DU CUBE

les vôtres
de jeunes enfants
sous votre protection
à l'abri
choyés, soignés

POSITION PAR RAPPORT AU CHEVAL

DERRIÈRE LE CHEVAL

prévus, une fois que vous aurez trouvé l'amour
protégés par votre partenaire

SOUS LE CHEVAL

protégés par votre partenaire

AUTRES POSITIONS

AU PREMIER PLAN

très importants pour vous

DANS UN VASE

votre fierté
choyés
exhibés
jalousement surveillés

DANS UNE OASIS

à l'abri des aléas de la vie
élevés dans un environnement fertile
sources d'espoirs

FLOTTANT DANS LES AIRS

pas encore conçus
un projet incertain
prévus pour plus tard

SOUS OU SUR UN ARBRE

seuls
livrés à eux-mêmes

SUR L'ÉCHELLE OU À CÔTÉ

vos meilleurs amis
les enfants de vos amis
des nièces, des neveux

TOMBANT DU CIEL OU APPORTÉES PAR LA TEMPÊTE

un don du ciel
bénis mais causes de bien des soucis
des œuvres d'art

Sixième partie

L'origine du Cube

C'est au cours de l'été 1987 que des amis d'enfance me « cubèrent » pour la première fois. Allongés sur une petite plage dans une île de la mer Adriatique – Korcula –, nous nous faisions bronzer, nos sens endormis par le soleil brûlant de la Méditerranée. Ils me posèrent les questions et j'y répondis nonchalamment, sans trop accorder d'attention à leurs ricanements ou à leurs éclats de rire. Lorsqu'ils m'eurent expliqué le fin mot de l'histoire, je pensai que le Cube n'était qu'un jeu parmi tous ceux auxquels nous avions joué cette année-là. En tout cas, personne n'en connaissait l'origine. L'air embaumait la paresse estivale et nous eûmes tôt fait d'oublier le Cube, excepté, de temps à autre, pour l'associer à cet autre jeu qu'est l'exercice constant de la séduction dans les pays méditerranéens.

Reste que, durant ce bel été de 1987, une jolie palette de Cubes fut constituée.

En septembre de la même année, je passai quelques jours chez ma grand-mère au nord de l'ex-Yougoslavie, en Vojvodine. J'avais besoin de me ressourcer avant de boucler le montage de mon nouveau film, et ce petit village au bord du Danube était un havre de paix miraculeusement préservé des guerres. Ses habitants ont toujours été des spectateurs de l'histoire, bien que leurs coutumes soient profondément ancrées dans la tradition austro-hongroise. Le moindre aspect de la vie locale témoignait de la grande influence de cet empire aujourd'hui tombé dans l'oubli mais autrefois rayonnant, en particulier la manière dont les gens offraient et servaient la nourriture. Ma grand-mère ne faisait pas exception à la règle.

Un après-midi, après le traditionnel repas – substantiel et interminable –, je ne pus supporter davantage ses questions incessantes : pourquoi ne m'étais-je pas encore marié, quand allais-je y songer ? Je tentai de changer de conversation en lui faisant jouer au Cube. A ma grande surprise, elle m'interrompit :

— Ne t'occupe pas de mon Cube ! Décris-moi plutôt ton cheval pour que je puisse te présenter une gentille fille du village.

J'ouvris grand les yeux.

— Quoi ? Tu connais ce jeu ?

Elle me répondit, comme s'il s'agissait d'une évidence :

— Bien sûr ! Tout le monde le connaît. Et ça n'a rien d'un jeu. Allons, décris-moi ton cheval et je te dirai…

— Attends ! D'où vient-il, ce jeu ? Qui te l'a appris ?

— Oh ! c'est une longue histoire. Et puis, il faut que j'aille nourrir les poulets…

Elle me laissa seul et perplexe. La seule personne qui pouvait m'en dire plus sans m'interroger sur mes projets de mariage était le prêtre du village. Je lui rendis donc visite. Non pas à l'église, mais sur son lieu de pêche habituel, là où le cours du fleuve ralentit en faisant un méandre. Une bouteille de vin rouge de la région suffit à m'absoudre de la plupart de mes péchés.

Le père Ambrosie et moi nous connaissions bien. Il affirmait que j'étais le seul bébé à n'avoir montré aucun respect envers sa technique baptismale, car j'avais éclaboussé d'eau l'église tout entière et hurlé à faire trembler les vitraux. Je parie qu'il racontait cela à tout le monde. Quoi qu'il en soit, il était de bonne humeur, bien qu'il n'eût pas pris un seul poisson.

— Toi, tu as quelque chose à me demander, supputa-t-il en avalant une grande lampée de vin. Le Cube ? Ce sont les Turcs qui l'ont apporté. Enfin, c'est ma théorie. Il y en a d'autres mais je ne suis pas d'accord avec elles. Si on parcourt les registres de l'église jusqu'au début du siècle dernier, on ne trouve que la liste habituelle des naissances et des décès, comme dans n'importe quel petit bourg ou village aux frontières de l'Empire… Sauf sur une brève période d'environ vingt ans. Tu sais comment ils écrivaient ces choses-là, dans un style ampoulé et en lettres dorées pour les préserver durant des générations. Eh bien ! Cette tradition respectée scrupuleusement a laissé place à un compte rendu peu rigoureux des faits qui se présentait comme un journal.

Il me regarda d'un air de connivence et fit une pause. J'étais comme un gosse, suspendu à ses lèvres.

— Au début, ce journal fait clairement mention d'une série d'événements qui ont eu lieu dans notre village. D'abord en allemand, comme d'habitude, puis en serbe et, plus tard, en arabe, en sanscrit pour finir dans une langue incompréhensible qui laisse perplexes aujourd'hui encore les érudits de Heidelberg et d'Oxford. Ce journal fait d'abord état d'une humidité inhabituelle au cours de l'été 1804 : il est même écrit que le village tout entier disparut sous une nappe de brouillard pendant plusieurs jours. Des chevaux, des enfants et des vieillards s'y perdirent et ne furent plus jamais revus.

Il se signa et but une autre gorgée.

— Lorsque le brouillard se dissipa, il était déjà là. Né du brouillard.

— Qui ?

— Kariton, l'homme qui a apporté le Cube !

— Kariton ? Mais ce n'est pas un nom turc !

— Selon moi, il était grec mais avait volé le Cube aux Turcs avant de passer la frontière. Il se nommait en fait Hariton mais, comme personne ne parvenait à prononcer le H correctement, on l'a appelé Kariton. De plus, cela avait une consonance plus chrétienne à leurs yeux. De toute façon, si on poursuit la lecture, Hariton ou Kariton, comme tu préfères, organisa le village en fonction du Cube. Et ce hameau prospéra. Il devint le centre du monde.

Je peinai à me représenter ce minuscule village au centre de quoi que ce soit. Le père Ambrosie contempla avec nostalgie le coucher de soleil puis se tourna vers moi.

— Tu ne me crois pas ? Lis ce journal. Tout y est. Cela ne se fit pas du jour au lendemain, bien sûr. Le village devint d'abord une étape pour les gitans qui, sans que l'on sache pourquoi, modifièrent leur itinéraire ancestral. Toutes les langues du monde y étaient parlées. Puis des écoles et des maisons closes furent construites. Des temples, des mosquées, des synagogues et des églises de toutes sortes surgirent un peu partout, et ceux qui n'honoraient aucun dieu en servaient d'autres, les dieux du commerce. Des kilomètres de soie de Chine de première qualité furent échangés contre d'énormes diamants de Russie, des tonnes d'or espagnol ou des vaisseaux entiers remplis de café ou d'épices orientales. Tous et toutes s'arrêtaient à cet endroit, qui n'avait plus rien d'un village.

— Alors ? Que s'est-il passé ?

— Il se développa jusqu'à devenir une belle capitale européenne.

Je songeai en souriant qu'il faisait un merveilleux menteur. Il tenait à inscrire ce lieu quelque part dans l'Histoire.

— Qu'advint-il de ce… Kariton ?

— Il finit par trouver son cheval, je veux dire sa femme. J'ai oublié son nom. Ils se marièrent et eurent quatre enfants. Deux garçons et deux filles. A la mort de Kariton, sa famille partit en emportant le Cube. Et le centre du monde se déplaça avec elle. Notre village redevint un tout petit village.

— Mais ses habitants connaissaient les réponses.

— Les réponses, oui, mais ils ne savaient pas les interpréter ! Même après toutes ces années, nous n'avons pas fini d'apprendre…

— Apprendre quoi ?

— Comment ça ? Mais plein de choses en toi et chez tes amis dont tu ne soupçonnes même pas l'existence. Par exemple, sais-tu que quelques événements politiques et historiques importants de ce monde – et je ne parle pas en termes de siècles mais de millénaires – furent décidés après qu'on eut consulté le Cube ? De grandes batailles furent perdues et d'autres gagnées – César, Napoléon, et même la Révolution russe ! Il y a même eu un mouvement artistique qui tire son nom du Cube !

J'éclatai de rire. Lui-même souriait, goûtant fort son histoire – ou peut-être le vin.

— Quoi ? Tu ne me crois pas ?

— Si, au contraire, mais comment se fait-il qu'il n'y ait plus la moindre trace ici de toute cette activité-de-centre-du-monde ?

Une dernière gorgée et la bouteille fut vide.

— Tu sais quoi ? Tu fais fuir le poisson avec toutes tes questions. Reviens demain, apporte-moi une autre bouteille et je te montrerai le journal.

Mais demain était un autre jour et le destin voulait que je retourne à ma table de montage pour mettre la dernière main à mon film. Je lui promis pourtant de revenir afin d'en savoir plus.

TROISIÈME ACTE

Quelques années et de nombreux Cubes plus tard, me voici à New York où j'attends que Hollywood veuille bien répondre à mes appels téléphoniques.

« Toc, toc. »

Le destin frappe à ma porte sous les traits d'Annie, de « Big » Jacques et de quatorze chats.

Annie (*tout sourire*) : Bonjour ! Nous sommes vos voisins.

Jacques (*autoritaire*) : Annie ! Tais-toi et commence par le nourrir ! On ne peut pas tolérer des voisins squelettiques, ici !

Les chats ne font aucun commentaire mais l'un d'eux, Mr Coby (le chartreux le plus gros et le plus gras que j'aie jamais vu), me regarde, cligne deux fois des yeux, tourne la tête vers Jacques et, je le jure, marmonne quelque chose comme « il est sympa, le maigrichon ».

Ils dévastent l'appartement.

Quant à moi, je reste bouche bée, ce qu'ils traduisent par affamé. Peut-être est-ce le cas. En un clin d'œil, je me retrouve devant un festin succulent que l'on pourrait qualifier en toute modestie d'orgie romaine gargantuesque, et ce, entouré de quatorze chats, d'Annie qui me pose des questions et de Jacques qui y répond à ma place. Je reste incapable d'articuler un seul mot pendant une grande partie du repas. Et celui-ci est si bon qu'il me faut un moment avant de comprendre qui ils sont.

Annie rend inutile le recours au Prozac et au Valium. Il suffit de lui parler une ou deux fois par jour et votre cafard disparaît. Vous vous sentez déborder d'énergie et vous respirez à nouveau, même au cœur de Manhattan. Vous avez l'esprit plus vif, le regard plus perçant, les idées plus claires. Je recommande fortement des doses quotidiennes de bavardage avec Annie. Elles devraient être remboursées par la Sécurité sociale !

« Big » Jacques est son mari. Personnellement, je pense qu'ils mentent à ce sujet et qu'il s'agit en réalité de son génie qui a enterré la lampe magique aussitôt après en être sorti. C'est lui le cuisinier !

Les chats sont ce qu'ils sont, à l'exception de Mr Coby qui fume le cigare dans ma salle de bains et éclate parfois de rire sans raison apparente.

J'ai bien sûr joué au Cube avec tout ce petit monde (y compris les chats), et eux-mêmes y ont joué avec leurs amis, et ces derniers avec leurs propres amis, et ainsi de suite jusqu'à ce que, au terme d'un bon nombre de repas, d'un excellent scénario et d'une foule de Cubes réunis, je me résolve à révéler le secret du Cube à travers le livre que vous tenez entre vos mains.

Je dois vous avouer que c'est Annie qui a écrit le livre. Je me suis contenté pour ma part de la ravitailler en café et de partager avec elle les Cubes de ma collection. Le rôle de Jacques a consisté à nous nourrir (trop) et à nous répéter que nous nous trompions sur toute la ligne. Les chats ont été d'un grand soutien quoique d'une complète inactivité.

Ma grand-mère est morte sans m'avoir vu marié. Le père Ambrosie aussi nous a quittés pour pêcher du haut de quelque nuage au paradis en goûtant la production locale. Quant à moi, j'attends toujours que Hollywood me réponde et je suis assidûment la thérapie verbale d'Annie, pendant que Mr Coby essaie d'arrêter de fumer (sans succès jusqu'à présent).

Si vous ne me croyez pas, venez dîner chez moi. Apportez juste votre Cube – nous nous occupons de tout le reste.

Slobodan D. Pešić

Table

Cet ouvrage composé
par Atlant' Communication
à Sainte-Cécile (Vendée)
a été achevé d'imprimer sur presse Cameron
dans les ateliers de Brodard et Taupin
à La Flèche (Sarthe)
en mai 2000
pour le compte des Presses du Châtelet

Imprimé en France
N° d'édition : 94 – N° d'impression : 2450
Dépôt légal : juin 2000